PETIT CONCOURS

ou

COMPOSITIONS PRÉPARÉES.

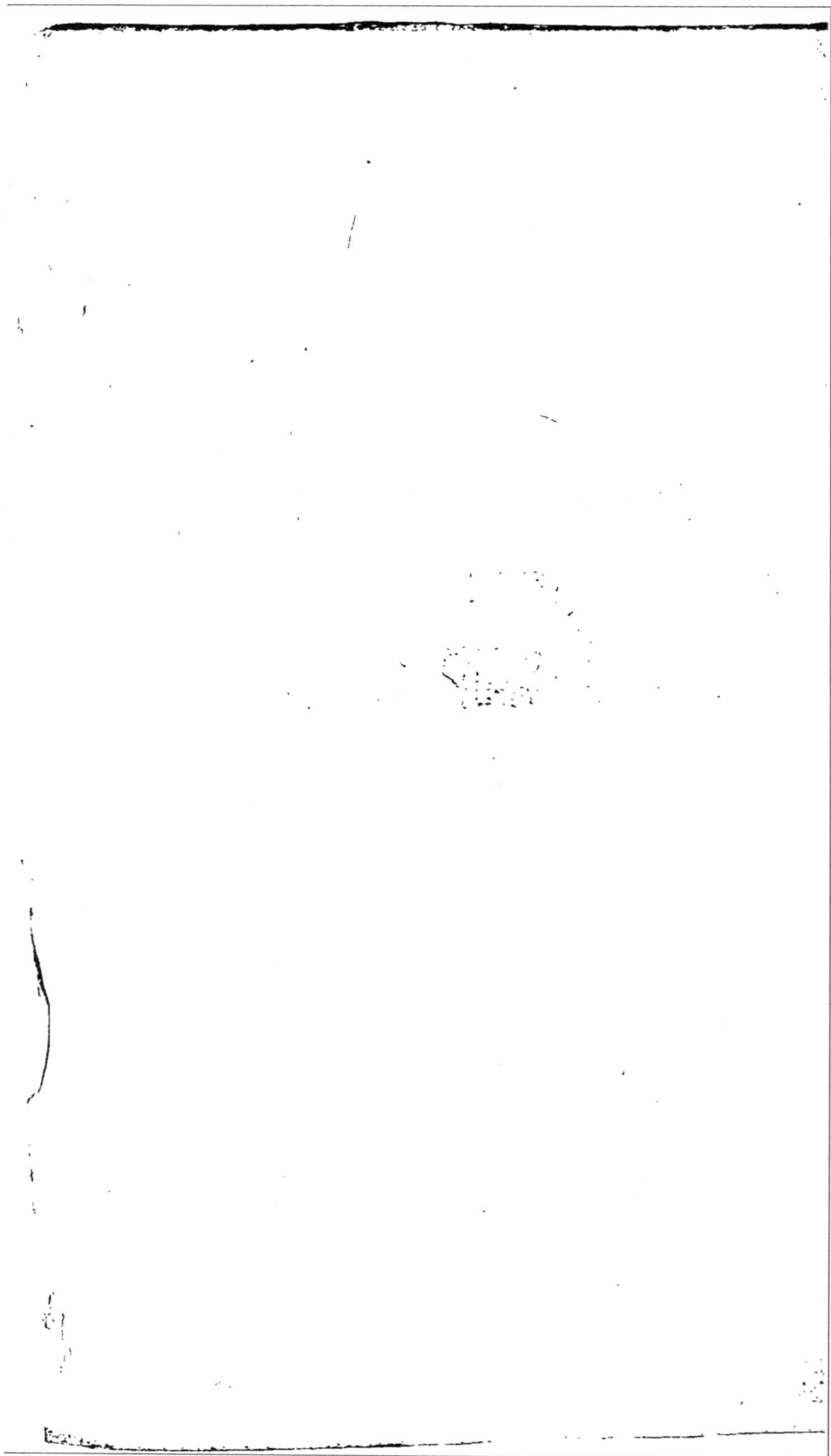

PETIT CONCOURS

ou

COMPOSITIONS PRÉPARÉES,

POUR

TOUTES LES CLASSES DE GRAMMAIRE,

Par l'abbé BROUSTER, professeur.

In tenui labor

VANNES.

IMPRIMERIE-LIBRAIRIE DE N. DE LAMARZELLE.

1839.

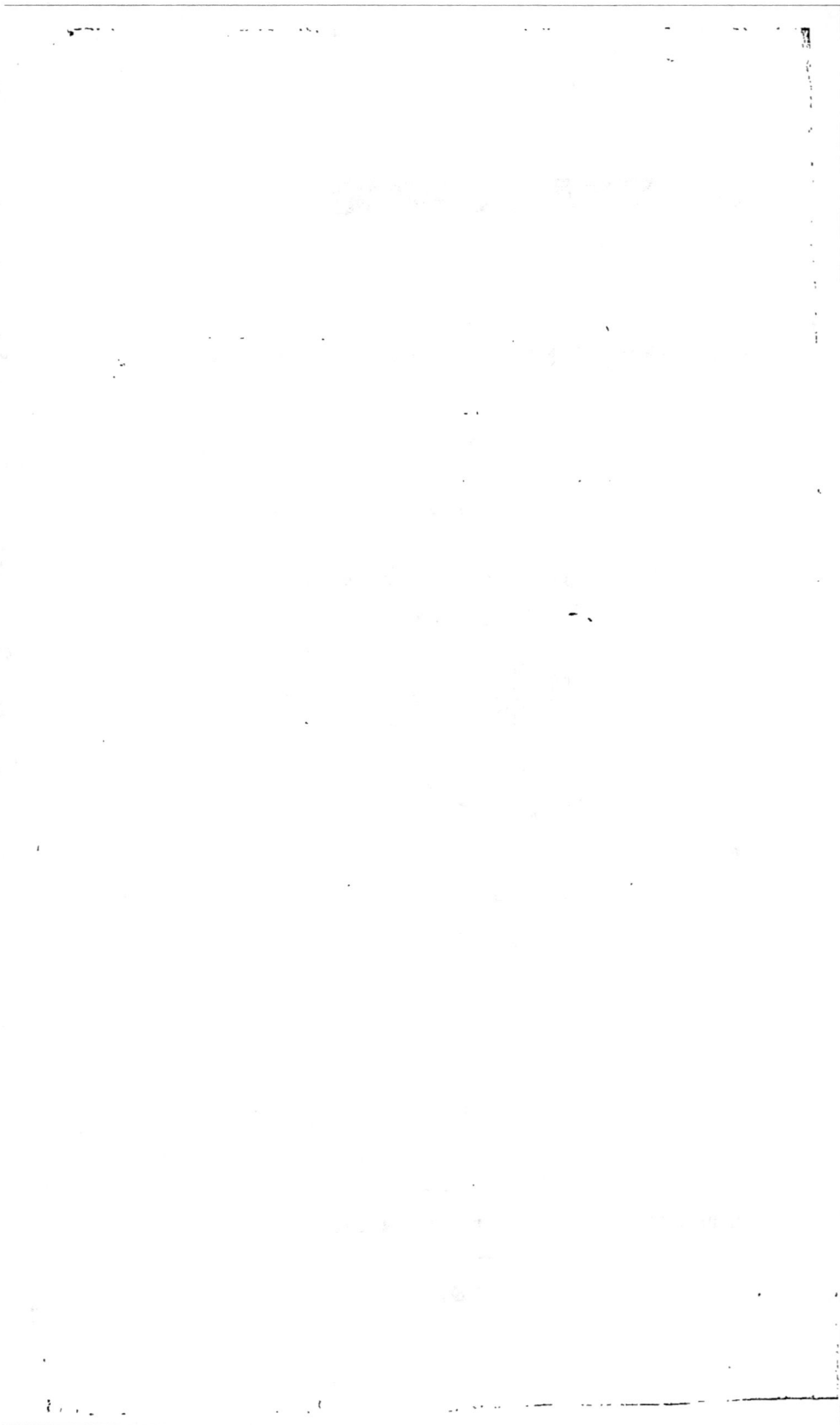

PETIT CONCOURS

ou

COMPOSITIONS PRÉPARÉES.

⸻⸻⸻

PREMIÈRE PARTIE.

EXERCICES SUR L'ORTHOGRAPHE, LA SYNTAXE ET LES LOCU-
TIONS VICIEUSES; MATIÈRES D'ANALYSES GRAMMATICALES,
ET D'ANALYSES LOGIQUES; SOMMAIRES D'AMPLIFICATIONS.

ARTICLE 1er.

*Exercices sur l'Orthographe et la Syntaxe, pour les élèves
avancés.*

1re COMPOSITION.

Un avare, un de ces pince-maille éhontés qui
tondraient, comme l'on dit, sur un œuf, fit rencontre un jour d'un ancien camarade de collége.
Après les premiers compliments d'usage, celui-ci
invite le ladre à dîner; il accepte, et le jour est fixé
au lendemain. A l'heure dite notre avare court chez
son ami et sonne brusquement. Le concierge, non
moins brutal que les porte-clefs de prison, ac-
cueille fort mal le survenant qu'il prend pour un
pauvre, à sa mise déguenillée. Cependant le convive
se nomme et entre. Il pénètre jusqu'à l'antichambre,

et suspend à l'un des porte-manteaux une méchante capote tout usée qu'il avait achetée naguère dans une vente de vieux meubles, et dont il s'affublait aux bons jours. Introduit dans la salle à manger, il trouve son hôte au milieu de sa nombreuse famille. Les enfants s'amusèrent un peu de son accoutrement, mais l'avare ne s'en aperçut pas, tant il était agréablement flatté de l'odeur des mets dont il comptait bien prendre sa part.

2e COMPOSITION.

Quelle suite de malheurs les prophètes avaient prédits aux Juifs, et que ceux-ci avaient vus arriver ! Quelle foule de gens ce fourbe a trompés ! L'Egypte est plus riche en blé que je ne l'avais cru. Le peu de soldats que l'ennemi avait trouvés dans la place avaient fait une vigoureuse résistance. C'est à tort que ces brise-raison se sont reposés sur nous du soin d'une affaire plus compliquée qu'ils ne l'avaient pensé, et qu'ils n'auraient pas dû avoir entreprise. La foudre et les éclairs ne laissaient entrevoir que des fantômes et des spectres errant dans d'épaisses ténèbres. Il y a bien, monsieur, deux lieues et demie de ce village à la ville voisine. Toute pauvre que vous paraît cette dame, elle est du moins plus riche que vous en vertus. Que les chefs-d'œuvre de Bossuet et de Massillon fassent vos plus chères délices. Horace a eu raison de dire que ce sont les Pindares et les Homères qui assurent l'immortalité aux rois et aux héros. Les robes que portaient les sages-femmes étaient d'un beau rose. Cette personne s'était bien donnée de garde de divulguer les secrets qu'on lui avait confiés, quelque chose qu'on lui eût promise pour l'y engager. Quelle différence des édifices de cette île homicide à ces magnifiques Hôtels-dieu que l'on rencontre dans nos villes, et où les pauvres, entourés de soins et d'attentions, triomphent souvent des maladies, avant-coureurs de la mort.

3ᵉ COMPOSITION.

(Suite de l'avare.)

Bientôt les domestiques apportèrent de l'eau et des essuie-mains, et chacun prit sa place autour de la table délicatement servie. Le convive ne recule devant aucun plat ; on eût cru qu'il avait jeûné quinze jours entiers. Son ami le regardait avec un sourire de bienveillance. Mais ce fut au dessert que le drôle se surpassa véritablement. Les casse-noisettes allaient leur train avec notre glouton ; son assiette était surchargée de débris. Surtout il attaqua mieux que certains oiseaux, appelés bec-figues, une demi-douzaine des plus mûres figues du midi, et n'en laissa que deux ou trois pour les pauvres enfants qui mouraient d'envie d'en goûter. Gorgé de tout, il tira de sa poche une vieille plume taillée en cure-dents, et nettoya ses mandibules. Enfin il se lève de table et se dispose à partir, mais en disant qu'il veut montrer jusqu'où peut aller sa générosité. Il fait signe aux domestiques qui se présentent : « Mes amis, leur dit-il, je suis content de vous, vous le serez de moi : vous êtes quatre, voilà une pièce de cinq sous; un de vous en aura deux ; vous vous arrangerez. » Ce singulier personnage s'appelait Patrocle : il était d'une telle avarice qu'il ne se couchait que sur un côté, de peur d'user ses draps de lit.

4ᵉ COMPOSITION.

Une foule de personnes s'étaient transportées au tribunal pour entendre plaider cette cause. Il y a des gardes-malades dont les soins sont précieux. On n'a pas prouvé que toutes ces vieilles gens fussent des boute-feu ou des grippe-sou. Ce général a souvent trompé l'ennemi par ses contre-marches.

Les Perses, tout grossiers qu'ils étaient, ne souffraient point les idoles, ni les rois qu'on avait faits Dieux. Quels obstacles le génie de l'homme n'a-t-il pas surmontés ! J'avais deux fils que j'ai vus mourir sur le champ de bataille. Les Parques ont accourci le fil de leurs jours, et ils ont été comme une fleur à peine éclose que le tranchant de la charrue coupe, et qui tombe avant la fin du jour qui l'a vue naître. Les chevaux fumant de sueur, l'écuyer les fit reposer *. Hippomaque lâcha les rênes à ses chevaux fumants de sueur. Que de fleurs dans ce parterre ! Autant j'en ai vues, autant j'en ai cueillies. Entourés de toutes parts, les ennemis se virent perdus et forcés de se rendre. Cette feue grand'mère et ses arrière-petits-fils, vendirent leurs terres, y compris leurs-maisons de plaisance. Vu l'indisposition du ministre, il n'y aura point de réunion aujourd'hui à trois heures et demie.

5ᵉ COMPOSITION.

Il y a dans ces opéras deux ou trois beaux chœurs. Les baux se font par devant notaires ou sous-seings-privés. Ni le sexe ni le rang n'obtenaient

---

* *Fumant* est ici participe présent, parce que ce mot exprime une action qui est cause de : *les fit reposer.*

ici des priviléges : mais voici de tout autres affaires : il faut à toutes ces bonnes gens des livres, des cierges et de l'eau bénite. Bénies soient les mères pieuses qui se sont occupées avec tant de ferveur à inspirer à leurs enfants l'amour de tout bien, de Dieu, de la vertu! Dites-moi si les âmes privilégiées sortent tout intelligentes et toutes sages des mains du Dieu qui les a créées? Des larmes amères tombaient de mes yeux, comme si c'eût été de l'eau qu'on eût répandue. J'aimerais que cet enfant eût un travail facile et que même il se distinguât par une gaîté prudente. Que de pleurs nous a coûtés l'égarement de ce jeune homme, et de sa sœur qui avait cependant l'air tout avisé, tout sage! Les avis que nous avions recommandé de leur donner, ils ne les ont pas suivis.

6e COMPOSITION.

Une foule de Lords et de Milords s'étaient succédé dans cette charge éminente qui cependant était plus difficile à remplir qu'aucun d'eux ne s'était imaginé. Quelques précautions que cette personne ait prises et quelles qu'aient été ses protections, j'apprends que l'affaire qu'aujourd'hui elle aurait voulu n'avoir pas entreprise, s'est terminée à son désavantage. Le peu de fortune qu'elle a laissée à ses enfants, ceux-ci se l'ont partagée. La plupart de vos amis s'étaient persuadé, messieurs, que le peu d'union qui régnait parmi vous, aurait causé votre malheur, s'il ne s'était trouvé deux hommes conciliants dont les avis vous ont été si utiles. Un acte en bonne et due forme a assuré à chacun de vous sa quote-part. Que d'efforts avaient faits les trois cents Spartiates pour résister aux ennemis qui les avaient attaqués! Savez-vous combien il y a de milles de Rome à Mantoue? Quelque glorieuse que fût la victoire qu'avaient remportée les trois Horace sur les Curiace, la sœur de l'un des vainqueurs en fut tout affligée,

7ᵉ COMPOSITION.

Que de hautes-futaies on avait abattues dans cette forêt en mil sept cent! Quelle quantité d'étoiles nous avions vues, mon frère et moi brillant dans le firmament! Le peu de châtaignes que vos deux petits Antoine s'étaient avisés de manger, les avaient rendus malades. Que de Français de la grande armée on a vus périr en Russie! Le peu de malheureux qui avaient échappé à la mort, s'étaient rendus sur les frontières de la France avant l'arrivée de l'ennemi. J'aime à me représenter l'ombre errant de cette brillante armée dans les contrées où elle s'était couverte de gloire. Les Romains avaient placé à vingt milles de Vannes une garnison de six mille six cents hommes. Quatre-vingts lieue bretonnes font-elles quatre-vingt-dix lieues de poste? C'est dans cet ouvrage que j'ai vu les traits que je vous ai racontés, à la page deux cent ou deux cent quatre-vingt. Nous nous sommes donnés de garde de marcher nu-pieds et tête-nue en hiver dans ces pays-là. C'eût été mal de notre part. Feu notre grand'mère et notre feue grand'tante nous avaient avertis qu'il y a du danger à commettre une pareille imprudence.

8ᵉ COMPOSITION.

Quelques grands talents que nous possédions, nous ne serons jamais estimés si nous ne nous conduisons avec sagesse. Quelque bons géomètres que fussent Archimède et tant d'autres, ils n'ont pas surpassé nos grands hommes dans cette science. Quelque belles que se croient ces personnes, elles s'enlaidissent, chaque fois qu'elles se mirent, par une grimace de vanité. La vertu, ainsi que l'amour des beaux-arts, avait disparu chez quelques anciens peuples. Que j'aime à voir dans les temples les enfants tout recueillis, priant avec ferveur! Jamais les personnes toutes dissipées, les hâbleurs, les hargneux, ne se sont fait estimer. Qui méprisent les autres, quels qu'ils soient et quelques places qu'ils occupent, sont eux-mêmes méprisables. Ce peuple de sauvages avait des manières toutes grossières, toutes dégoûtantes, tout inconvenantes enfin. La puissante reine Zénobie était du nombre des captifs qui ornaient le triomphe d'Aurélien. Sais-tu ce que signifient des épis-d'eau flottants? Oui, ce sont des plantes aquatiques; vas en arracher quelques-unes et apportes-en-moi deux. Que de guerroyeurs voudraient passer aujourd'hui pour des Alexandres et des Annibals!

9e COMPOSITION.

La partie septentrionale de l'Afrique, la seule qui fût bien connue des anciens, s'était vue tout aussi célèbre du temps des Caton, que le fut plus tard l'empire d'Orient en Europe. En mil sept cent quatre-vingt, une contrée du nord abondait en gobe-mouches et en becfigues. Vu votre application soutenue, je vous accorderai cette après-dinée deux heures et demie de récréation. J'avais bien des affaires la semaine passée; quand je les ai eu terminées (*), je suis parti pour la campagne. Les pommes

(*) *Eu* suivi d'un autre participe passé, et formant avec l'auxiliaire le parfait antérieur indéfini; peut rester invariable; c'est la seule exception.

d'api que vous m'avez envoyées, je les ai reçues gâtées. Que de jeunes gens se sont repentis de ne s'être pas appliqués à l'étude! Xerxès, marchant contre la Grèce, n'était qu'à quelques milles de la mer Egée, lorsqu'il passa son armée en revue. Le célèbre Duguay-Trouin est un des plus grands hommes de mer qu'ait eus la France. Une foule de gens armés s'étaient présentés devant la ville; il s'était présenté une multitude de citoyens pour les combattre. Que de fautes s'étaient glissées dans cet acte? Que de voleurs il s'était glissé dans cette maison! La diminution qu'il y a eu sur le prix des denrées, a fait plaisir aux indigents. On voit de nos jours peu de Luxembourgs, de Villars, de Catinats, de Vaubans et de Vendômes. C'est en Angleterre que les brise-images ont montré leur intolérance.

10e COMPOSITION.

Il y a beaucoup de pied-à-terre aux environs des grandes villes. Gardez-vous bien de passer dans toutes les basses-cours que vous voyez là-bas. Je donne à ces enfants des principes qu'il est utile d'approfondir. Cette ferme se fût vendue plus cher que vous ne l'aviez pensé, si l'on avait attendu quelque temps encore à la mettre à l'enchère. Le peu de soldats romains que l'épée d'Annibal n'avait pas immolés, s'étaient rendus à Rome après la bataille de Cannes. Au peu de précautions qu'avait pris Varon, leur général, et au peu de présomption qu'il avait montrée, on pouvait prévoir un revers assuré. Quant aux Carthaginois, quelque rusés qu'ils fussent, ils ne surent pas profiter de la victoire qu'ils avaient remportée, laquelle ne leur avait pas coûté cher. On a dit des vaisseaux que c'étaient des maisons roulantes. J'entends des sons aigus qui reten-

ent dans ces forêts, antique demeure de quel-
es géants.

C'étaient-là ces législateurs qui s'étaient crus, ou
s'étaient dits inspirés des dieux mêmes.

11ᵉ COMPOSITION.

*Lettre d'un mort à Monsieur le Vicomte de
Vivonne* *.

MONSEIGNEUR,

Bien que nous autres morts ne prenions pas
nd intérêt aux affaires des vivants, et ne soyons
trop portés à rire, je ne saurais pourtant m'em-
cher de me réjouir des grandes choses que vous
es au-dessus de notre tête. Sérieusement votre
nier combat fait un bruit de diable aux enfers:
est fait entendre dans un lieu où l'on n'entend pas
u tonner, et a fait connaître votre gloire dans
pays où l'on ne connaît point le soleil. Il est venu
un bon nombre d'Espagnols qui y étaient, et qui
s en ont appris le détail. Je ne sais pas pourquoi
veut faire passer les gens de leur nation pour
farons: ce sont, je vous assure, de fort bonnes
s, et le roi, depuis quelque temps, nous les en-
e ici fort humbles, et fort honnêtes. Sans men-
Monseigneur, vous avez bien fait des vôtres
uis peu. A voir de quel air vous courez la Mé-
rranée, il semble qu'elle vous appartient tout
ière; il n'y a pas à l'heure qu'il est, dans toute

---

* Cette composition se donnera comme exercice sur la
tuation, qui, par conséquent, ne devra pas ici être dic
ux élèves.

son étendue, un seul corsaire en sûreté, et, pour peu que cela dure, je ne vois pas de quoi vous voulez que Tunis et Alger subsistent.

12e COMPOSITION.

L'antiquité de l'empire des Assyriens est un des points sur lesquels les historiens ont été le moins partagés. Leibnitz, un des plus savants hommes qu'on ait vus, avait dessein de faire un alphabet des pensées humaines. Le discours sur l'histoire universelle est un des meilleurs ouvrages qui aient jamais paru. Non-seulement les titres de ce seigneur, mais encore sa fortune s'évanouit. Votre vertu, Monsieur, comme votre naissance, vous avait valu cette estime dont vous jouissez à justes titres. Ma mère est bien persuadée que si nous appuyions votre demande, et que nous priions le ministre de s'intéresser à vous, vous obtiendriez la place qu'on a sollicitée en votre faveur. Mon père et moi avons rencontré deux contre-maîtres, deux belles-mères et leurs arrière-nièces qui tous avaient l'air rêveur, mécontent, furibond même. Ne vous semble-t-il pas que ce petit et ce grand arbre soient mal placés l'un à côté de l'autre? On vient de m'expédier des tonneaux de vin: achettes-en un, mon ami. La feue dame de ce château et feu sa cousine célaient leurs secrets, leurs pensées même. Que de secours ne nous ont-elles pas accordés, à nous tous, bonnes gens, leurs voisins! Nous priions pour leur bonheur et nous employions à soulager d'autres malheureux une partie des aumônes qu'elles nous faisaient. Bénie soit à jamais leur mémoire.

13e COMPOSITION.

Qu'on vous ait fait payer deux cents francs la reliure de ces trois cent vingt volumes, il n'y a là rien de surprenant. Que de fois n'a-t-on pas vu ces personnes trahir les secrets qu'on se repent de leur avoir confiés. Les présents que le prince vous a offerts, les avez-vous acceptés? De ceux que j'en ai reçus je vous offre le meilleur ; c'est une belle pendule qui sonne non-seulement les heures et les demies, mais aussi les quarts. Je suis satisfaite, disait une grand'mère à ses petits-enfants, du peu d'application que vous avez apportée à l'étude, mais mécontente du peu de succès que vous avez obtenu. La multitude des curieux qu'avait rencontrés mon frère, s'était rendue à l'assemblée. Les absences qu'avait faites cet enfant, n'avaient pas peu contribué à le dégoûter du travail. Nous nous sommes accoutumés à écrire les explications que le maître nous donne de vive voix ; c'est par-là que nous sommes venus à bout de vaincre toutes les difficultés qui se sont présentées.

14e COMPOSITION.

La route dans laquelle marchent les pécheurs, est pavée de pierres, mais elle conduit aux ténèbres et aux supplices. Cette personne est toute dévouée, tout attachée à sa maîtresse, quelle que soit l'inégalité de leur caractère et de leur goût. Les juges étaient tout oreilles à l'audience. La probité et la discrétion de Cratès étaient telles que toutes les maisons lui étaient ouvertes. Tout Milan vit avec joie partir tous ces aventuriers danois. Quelque savants traducteurs que soient ces écrivains-là, il s'est glissé bien des fautes dans les ouvrages, qu'ils ont fait imprimer. Quelque peu favorables que soient vos dispositions à l'égard de cette personne, elle a pour vous mille attentions. Quelques vrais amis, tout zèle pour moi, m'ont donné des conseils qu'il eût été bon de suivre. Tel est le charme de la vertu que le méchant aussi bien que l'honnête homme, l'estime. Que ces statues que vous avez vu placer dans cette église, ont l'air jolies, parlantes même. Touts frais déduits, ma petite ferme que je ne regrette pas d'avoir louée, me rapporte tous les ans trois cents francs net.

15e COMPOSITION.

Ce tailleur prend ses mesures si juste qu'on est parfaitement habillé par lui. A Londres plus d'un filou se dupent l'un l'autre. Plus d'un grand homme s'était vu exilé par les Grecs. On dit que les verres, frottés de percil, se cassent. On compte trois époques brillantes de la littérature jusqu'à nos jours : chez les Grecs, le siècle de Périclès ; à Rome le siècle d'Auguste et chez nous le siècle de Louis-le-Grand. Le premier vit naître les Sophocle, les Euripide, les Socrate, les Démosthènes, les Aristote et les Platon ; le second produisit les Horace et les Virgile ; le troisième, les Bossuet, les Fénélon, les Massillon, etc. En vain nos prétendus Homères ou Racines modernes s'imaginent-ils égaler ces grands hommes. Les pommes aigre-douces valent-elles mieux que les prunes dites reines-Claudes. Savez-vous ce que signifient des *agenda*, des *Vade-mecum*? Non, Monsieur. C'étaient là des démarches que j'avais cru utile de faire. Cette foule de flatteurs rampants et environnant le trône, s'était enfin retirée de la cour. Pourriez-vous écrire sans faute les mots suivants:

des passe-à-vent, un tire-bottes, un tire-lignes, des pleure-misère, des quasi-délits, des contre-allées, des porte-drapeaux ?*.

16e composition.

*Suite de la lettre d'un mort à M. de Vivonne***.

MONSEIGNEUR,

Nous avons ici les César, les Pompée et les Alexandre : ils trouvent tous que vous avez assez attrapé leur air dans votre manière de combattre; surtout César vous trouve très-César. Il n'y a pas jusqu'aux Alaric, aux Genséric, aux Théodoric, et à tous les autres conquérants en *ic*, qui ne parlent fort bien de votre action, et dans le Tartare même (je ne sais si ce lieu vous est connu), il n'y a point de diable, Monseigneur, qui ne confesse ingénument qu'à la tête d'une armée vous êtes plus diable que lui. C'est une vérité dont vos ennemis mêmes tombent d'accord. Néanmoins à voir le bien que vous avez fait à Messine, j'estime pour moi que vous tenez plus de l'ange que du diable, hors que les anges ont une taille un peu plus légère que vous, et n'ont pas le bras en écharpe. Raillerie à part, l'enfer est extrêmement déchaîné en votre faveur. On ne trouve qu'une chose à redire à votre conduite, c'est le peu de soin que vous prenez de votre santé.

* On suppose autant de drapeaux qu'il y a de porteurs, or il y a plusieurs porteurs, donc aussi plusieurs drapeaux; donc on peut mettre ici ce susbtantif au pluriel.

** Exercice sur la ponctuation laquelle ne devra donc pas être dictée.

17e COMPOSITION.

Le peu de considération que j'ai eue dans le monde, je le dois à la protection du ministre. On dit que les *Te Deum* que Bonaparte avait voulu qu'on eût chantés, étaient les *De profundis* du peuple. Quiconque prend un mari doit s'attendre à être soumise. N'étaient-ce pas ces avocats qui étaient restés court devant les juges! Quelques talents qu'eût Démosthènes, quelque persuasive que fût son éloquence et quelle que fût son ardeur, sauva-t-il sa patrie! Tout Rome s'était soulevé à cette époque. On vit à Constantinople en mil six cent, une troupe d'enfants, parcourir les rues tout tremblant de froid, mourant de faim, pleurant et demandant un peu de pain que leur refusaient des hommes inhumains. C'est de mon fermier que j'avais reçu les cent trente napoléons que m'ont coûté ces deux chevaux arabes. Que d'hommes se sont souri, et puis se sont nui. Que de beaux jours se sont succédé. Voilà du mérinos tout laine. Les raisons que nous ont alléguées les personnes que nous avons prises à garant, nous ont convaincus, nous ont pleinement persuadés de la justice de notre cause. C'est plus son honneur que sa fortune que ce magistrat a eu en vue.

18e COMPOSITION.

Dans toutes ses victoires, c'est le bonheur du peuple, c'est l'agrandissement de sa patrie, aussi bien que sa propre gloire, que ce général s'est proposé. Lisez l'ouvrage de ce poète, et vous vous convaincrez que c'est une vraie satire, et non un livre intéressant, qu'il a composée. Quelque méchants que fussent ces hommes-là, on ne les a jamais vus envahir le bien de leurs voisins. Deux chasseurs portant chapeaux à larges bords, se sont visés à la tête, mais ils se sont manqués. Connais-tu, mon ami, un ouvrage qui a pour titre les Mille et une Nuits? Oui, monsieur. Te rappelles-tu ce jour de malheur où notre maison était toute en feu, et notre mère tout en larmes? Je me le rappelle. G'est sa fille, aussi bien que son fils, que ce père a déshéritée. Comment pourrai-je, madame, arrêter ce torrent de larmes que le temps n'a pas épuisé, que tant de justes sujets de joie n'ont pas tari! Ce torrent de larmes que cette reine a essuyées, annonçait qu'elle avait été plus malheureuse qu'on ne se l'était imaginé. Ces deux messieurs qui se sont dits étrangers, se sont crus perdus. Que de peines nous nous sommes données dans ce lieu-là, et que nous nous y sommes déplu!

19e COMPOSITION.

Le peu de peines que s'étaient donné ces élèves, nous prouvait le peu d'ardeur qu'ils avaient pour l'étude. Ce qui se trouvait naturellement dans l'âme des Descarte, c'était la douceur et la bonté. On devient forte alors qu'on devient mère. On se voit réciproquement tels qu'on est. Quand le soir, les travaux sont finis, on est tous réunis autour de la table. Une princesse demandant au Sultan à régner avec lui, lui dit : Est-on faite de manière à déparer un trône? Suivant l'histoire, ou plutôt la fable, deux enfants nouveau-nés * furent allaités par une louve dans le Latium : devenus grands, ils coururent tout autour des forêts en poursuivant les

---

* *Nouveau* se prend ici comme adverbe, c'est-à-dire pour *nouvellement*. (Académie.)

voleurs. Hippomaque lâcha les rênes à ses chevaux fumants de sueur. Les Alabez, dont cette princesse est adorée, tremblants pour ses jours, refusent de la laisser partir toute seule. Nous sentîmes la terre tout agitée, tremblant par secousses, tremblant sous nos pieds. Les jeunes Lydiens que nous avons rencontrés, avaient coutume de porter les cheveux flottants sur leurs épaules. Aristophane, aussi bien que Ménandre, charmait les Grecs. Le maître, comme l'esclave, avait des devoirs à remplir.

20e COMPOSITION.

Les poires qu'on appelle *messires-jeans* sont très-bonnes. Je passerai chez vous, monsieur, deux après-soupées ou deux après-midi. Il y avait dans cette assemblée deux cordons-bleus et deux contre-amiraux. Je viens d'acheter dans ces arrière-boutiques un cure-oreilles et deux tire-bourre. On appelle *dames-jeannes* ces grosses bouteilles que nous voyons couvertes de jonc. J'aime mieux les hautes-contre que les basses-tailles. Il est aisé de prouver, par les règles mêmes que les grammairiens ont établies, que les personnes les plus instruites, les auteurs même, font quelquefois des fautes. Les oreilles du rhinocéros se tiennent toujours droites. Allons, soldats, ferme; marchez droit à l'ennemi; soyez fermes dans la résolution que vous avez prise de vaincre ou de mourir. Souvent la manière dont on blâme les défauts des autres est plus blâmable que les défauts mêmes. Parlât-elle plus distinctement, ce serait encore une pauvre actrice. Mes parents m'ont donné toute l'éducation que leur fortune leur a permis. Les punitions, les remontrances, les prières même, rien n'avait de l'empire sur cet esprit et ce cœur malfaits.

21e COMPOSITION.

L'avarice est une passion qui se nourrit par les remèdes mêmes qui guérissent toutes les autres. Les personnes que j'ai vues passer par ici ce matin, ont toutes l'air distingué. Quelques-unes d'entre elles se sont imaginé qu'on les avait trompées. Jamais, se sont-elles dit, nous ne nous serions doutées qu'on cherchât à nous en imposer. La pendule que j'avais envoyée à raccommoder, et les livres que j'avais fait relier, m'ont été rapportés. Le peu de chevaux que nous avons eu pour le service de l'artillerie, a été cause de la perte de la bataille. Là, quelques matelots fumaient leurs pipes en silence : les dons étaient dans leurs mains, sur leurs fronts était l'allégresse. Là aussi des fontaines, coulant avec un doux murmure, faisaient des bains aussi purs que le cristal. Supposons que le chagrin ou la maladie m'eût emportée, que fût devenue alors l'enfant que j'allaitais, et qui dans la suite devait être mariée au chambellan du roi? Ce n'était ni l'amitié ni l'intérêt qui unissaient ces deux personnes. Ces dames, toutes sensibles, se sont attendries aux larmes qu'elles nous ont vus verser. Quelque grands orateurs que fussent Fléchier et le père Bridaine, ils n'ont égalé ni Bossuet ni Massillon.

22e COMPOSITION.

Toute belle que paraît cette maison, elle ne me convient pas. Quelque belle que vous paraisse cette église, elle offre cependant plusieurs irrégularités. Tout éclairée, toute savante qu'était madame Staël, elle n'a point présumé de ses connaissances, et jamais ses lumières ne l'ont éblouie. Sophocle et Euripide, tout imparfaits qu'ils sont, ont autant réussi chez les Athéniens que les Corneille et les Racine parmi nous. Ces messieurs nous ont laissés mettre le plaisir de rire après celui de pleurer. Les hommes qu'on a vus passer par-dessus ce mur ne se sont pas laissé prendre; ils se sont sauvés à travers les champs. Bossuet, en parlant de l'âme, dit : Dieu l'a faite à son image, et l'a rendue capable de le connaître et de l'aimer. Ne nous aurait-on pas crus morts, sans quelques soupirs que nous avions laissés échapper? Pascal, en parlant des sciences qui sont soumises à l'expérience, dit : Les anciens les ont trouvées seulement ébauchées par ceux qui les ont précédés. Ces perfides se sont dits subordonnés. Cette dame s'est piquée des propos qu'on lui a dits.

23ᵉ COMPOSITION.

Ce chien a eu la patte cassée; mais, dès qu'il l'a eu cassée, on la lui a remise. Je connais toutes sortes de gens; il nous en vient de toutes parts. On éprouve quelque plaisir à s'entendre louer. Pour quelques plaisirs, mille douleurs. Les tyrans ont toujours quelque ombre de vertu. Il y a dans ce tableau quelques ombres qui produisent un bel effet. Le jardinier a jeté une partie des fruits gâtés. Il a trouvé une partie des pommes gâtée. Ce malheureux-là poussait des cris de désespoir articulés. J'aime mieux qu'on me serve une fricassée de poulets gras, qu'un sirop de limon, qu'une gelée de pomme, qu'une compote de poires, qu'une assiette de marrons *. Croyez-vous que les bêtes à

* Les noms déterminatifs restent au singulier, quand ils concourent à la formation de l'objet par *extraction* (alors

cornes sautent à pieds joints? Les Portugais ont devancé les autres peuples dans la découverte des terres inconnues. Ces livres que voilà, nous ont servi. Ce domestique nous a bien servis pendant dix ans. Les plants que j'ai vus croître et ceux que j'ai vu arracher, appartenaient à vos aïeux. Voilà, mes enfants, les leçons qu'on vous avait données à apprendre, et que vous auriez dû avoir étudiées.

24ᵉ COMPOSITION.

Les lettres que vous n'auriez pas dû avoir écrites, ont été interceptées tout récemment. Que d'oiseaux nous avons entendus chanter dans ce bocage! Que de fleurs nous y avons vu cueillir! Les couplets dont vous nous aviez parlé, nous les avons entendu chanter. Les services qu'on leur a offerts et qu'ils ont refusé d'accepter, nous les avions entendus les demander. Nous avons distribué toutes les aumônes que nous avons pu, et d'ailleurs payé toute la somme que nous avons due. Quant à ces sortes de gens, autant j'en ai connus, autant j'en ai méprisés; combien n'en ai-je pas vus tout occupés dans une cour à souffler dans leurs doigts. Que sont devenus les beaux jours que nous avons vécu ensemble et que nous avons passés dans une campagne toute charmante? Quelle forte somme avait coûté cette propriété! Je sais que cette affaire est plus sérieuse qu'on ne se l'était imaginé; ainsi, monsieur, elle n'est pas telle que vous l'aviez racontée. Quelle quantité d'ardoises on a tirées de cette carrière!

les objets sont dénaturés), comme *gelée de pomme*. Ils se mettent au pluriel si la formation a lieu par *composition*, sans dénaturer les objets pour la forme, comme *compote de poires*.

Ces marauds-là ont une maladie dangereuse, causée par la trop grande quantité de liqueurs qu'ils ont bue. Le peu de retenue que vous avez montré, a donné de vous des idées toutes désavantageuses. Le peu d'habileté qu'ont montrée ces jeunes officiers, a prévenu en leur faveur. Que de perce-forêts couraient çà-et-là !

25e COMPOSITION.

Je blâme ceux qui se sont écartés de la route qu'on leur avait indiquée, et qu'on leur avait conseillé de suivre. L'Eglise de Jésus-Christ a été persécutée dès sa naissance, sans qu'elle ait été submergée, et sans qu'elle ait rien perdu de sa sainteté. Vos frères se sont proposés pour modèles; mais à mon avis, ils ont trop de défauts pour qu'ils puissent se donner pour guides sûrs. Dites-le-moi, les pauvres que vous avez vus souffrants et tremblants de froid, n'étaient-ils pas dignes de la commisération qu'ils vous avaient inspirée? Les sciences que ces jeunes gens se sont plu à cultiver, ne sont-elles pas préférables aux richesses que l'avarice de leurs grand'mères avait amassées? L'instruction publique qu'on avait tant négligée peut seule opérer la réforme des mœurs. L'histoire qu'on vous a donnée à lire, vous apprend que Charlemagne régnait l'an huit cent. J'ai payé deux cents francs comptant les cents d'œufs qu'on m'a apportés. Quelques grands biens que nous possédions, nous ne serons jamais estimés sans la probité. Quelles que soient vos ressources, vous ne réussirez pas dans une telle entreprise. La fièvre quarte et d'autres fièvres même ont leurs périodes réglées.

26e COMPOSITION.

Les premières orgues qu'on a vues en France, y furent apportées par des ambassadeurs de l'empereur Constantin Copronyme. Les hymnes qu'on a chantées hier dans cette église, toute jolie et tout ornée, avaient fait une forte impression sur les fidèles. Quelque chose qu'ait faite cette enfant volontaire, appelée Louise, on ne lui dit jamais rien. Le plus grand nombre des prisonniers que vous aviez vus passer par ce lieu-ci, aurait été égorgé sans le peu de prudence qu'avait montrée le chef qui les conduisait. Le peu de puissance qu'avait eue cette personne ne l'avait pas enorgueillie. Le peu de vénération que nous avions eu pour cette princesse, l'avait tellement indisposée contre nous que depuis ce temps elle nous a refusé sa protection. Une nuée de corbeaux voltigeaient au-dessus de ces terres ensemencées. L'inconduite de vos enfants, les pertes que vous avez éprouvées, ce torrent de larmes que vous n'avez pas encore essuyées, tout, madame, annonce l'état pénible dans lequel vous vous êtes trouvée. A ce récit, les auditeurs ont paru tout stupéfaits, tout affligés. Les débets, les pensums, les factums, les magisters, sont des mots qui nous viennent du latin.

27e COMPOSITION.

La plante, mise en liberté, garde l'inclination qu'on l'a forcée de prendre. La reine Artémise était tout courage, tout prudence, tout fermeté. Telle aimable en son air, doit éclater sans pompe une élégante idylle. O mon fils! que de pleurs m'avait coûtés ton départ, mais aussi que de joie m'avait causée ton retour! Les années qu'avaient vécu ma grand'tante et mes grand'mères, avaient été consacrées à faire de bonnes œuvres. Par les fautes qu'on a remarquées dans ces ouvrages, chefs-d'œuvre prétendus, on a pu juger du peu d'attention qu'avaient eu les auteurs en les composant. Cette femme-là m'a l'air tout mélancolique, tout affligé. Elle s'est plainte de ce que l'éducation de ses enfants lui a coûté trop cher ; cependant elle possède dix-huit cents francs de rente. Ses parents ont quatre-vingts journaux de terre, y compris une forêt d'une demi-lieue de long, à trois milles de la ville. Savez-vous combien il s'est écoulé d'années depuis la venue du Messie ? Oui : mille huit cent trente-neuf. Que de grandeur d'âme a montrée ce général après la bataille ! et que d'hommes cependant elle lui avait coûtés !

28e COMPOSITION.

Les hommes seraient heureux, s'ils voyaient leurs frères dans ceux qui souffrent, et s'ils leur rendaient les services que réclame l'humanité souffrante. Fénélon était une de ces âmes aimantes qui, nourries des préceptes de l'Evangile, sont bienfaisantes par goût et par devoir. Les Russes ont fait en quatre-vingts ans plus de progrès que nous n'en avons fait en quatre cents ans. Cet enfant a cent fois plus de discrétion que vous n'en avez montré. Nous nous sommes assurés de cette vérité. Elles se sont assuré un revenu. Ces poutres-là se sont cassées comme verre. Deux hommes se sont cassé le cou. Quelques matelots se sont jetés à l'eau, d'autres se sont jeté des pierres, se sont ri les uns des autres et se sont moqués de tout le monde. La bravoure, l'intrépidité de Turenne étonnait les plus braves. L'igno-

rance ou l'erreur peut quelquefois servir d'excuse
aux méchants. L'enfer, comme le ciel, prouve un
Dieu juste et bon. Ce n'était ni ma sœur ni la tienne
qu'on avait nommée Abbesse de ce couvent ; ni
l'une ni l'autre ne pouvaient prétendre à cette place,
plus importante qu'elles ne se l'étaient imaginé.
Plus d'un pauvre reconnaissant, plus d'une mère
malheureuse, se rappelaient votre âme compa-
tissante.

29e COMPOSITION.

La totalité des enfants sacrifie l'avenir au présent. Une foule de nymphes, couronnées de fleurs,
étaient assises auprès de la Déesse. L'an mil sept
cent de notre ère fut célèbre en grands hommes.
Plusieurs peuples anciens comptaient par milles, et
l'on disait : à trois milles, à six milles de la ville,
comme nous disons : à une lieue, à deux lieues de
tel endroit. Les dix mille cinq cents francs qu'avait
coûté ce vaste édifice, auraient suffi pour faire la
fortune de mes beaux-frères. On fait éclore, dans
des fours en Égypte, jusqu'à quinze cents ou deux
mille œufs à la fois. La vanité est sortie de la tête
de Jupiter, toute parée, tout éblouissante. Toute
pensée noire, toute action criminelle entraîne
après soi des désordres ou des malheurs. La plupart des fruits, destinés à la nourriture de l'homme,
flattent sa vue et son odorat. Peu d'hommes, dans
les conseils des rois, s'occupent du bonheur de
leurs semblables. Voir les choses et les estimer ce
qu'elles valent, donnent, sinon le bonheur, du moins
le repos. Etait-ce des contraires que résultait l'harmonie ? dites-le-moi. C'était un des médecins de
Paris, que cet homme avait consulté. Louis XIV
est un des plus grands rois que la France ait vus

sur le trône. Que de bonnes actions n'auraient jamais été mises au jour, si, pour leur donner naissance, l'amour-propre, ce mignon de presque tous les cœurs, n'y avait trouvé son compte après Dieu!

30ᵉ COMPOSITION.

Voilà un des plus honnêtes avocats que j'aie vus de ma vie. Un de vos valets que j'ai rencontré, venait de se casser une jambe. Touts les maux qu'on lui a voulus, lui sont arrivés. De la façon que l'avocat a plaidé votre cause, il a été facile de comprendre combien il avait vos intérêts à cœur. Ma mère ne me disait pas les jours qu'elle avait pleuré en secret. Il est impossible de vous dire touts les moments qu'elle a souffert sans murmurer. Comptez-vous pour rien les dangers qu'elle a courus? Que d'heures j'ai couru pour lui procurer quelque consolation! Je pleure une erreur que vous avez pleurée vous-même. La Reine Blanche est une des plus grandes reines qu'il y ait eu. Est-ce un père, un époux qu'on a vu désirer que sa fille, que sa femme dansassent comme à l'opéra? La quantité d'hommes que j'ai vus, était si grande, qu'ils remplissaient toutes les avenues. Je pensais que mon frère ou ma sœur était tombée malade. Qui pourrait s'imaginer quelle foule d'honnêtes gens ce fripon avait trompés.

31ᵉ COMPOSITION.*

Un père dans ses derniers moments à son fils.

Tu vois, mon enfant, que je vais bientôt te quitter. Ah! que je voudrais mourir pendant cette nuit où naquit le Sauveur des hommes, pour assister au

---

* Composition dont on ne dictera pas la ponctuation.

ciel, aux chants des anges et des saints! Oui, j'espère que Jésus-Christ exaucera mes vœux et m'appellera à lui dans quelques heures : alors je prierai aussi pour toi, mon enfant, afin que tu restes toujours pieux et sage. Rappelle-toi souvent mes derniers moments, surtout, n'oublie jamais ce que je vais te dire. L'homme n'est pas créé pour ce monde, tout le lui apprend. Une vie plus belle l'attend; mais, pour la mériter, il faut vivre en vrai chrétien. Dans quelque pays que tu te fixes, soit que tu restes ici, ou que tu retournes en Suisse, sois fidèle à la religion, crains Dieu, et évite le mal. Si le Seigneur t'envoie un jour des épreuves, reçois-les avec résignation : s'il t'accorde des faveurs, ne manque pas de l'en remercier. Bientôt je ne serai plus là pour veiller sur toi; mais tu auras toujours la religion et ta conscience pour t'avertir : écoute-les, et tu ne te laisseras pas entraîner au mal.

32e COMPOSITION.

Vos drapeaux, prince, bénis dans ce temps, fixeront la victoire. Les choses que nous avons crues devoir vous faire plaisir, les avons-nous crues devoir vous satisfaire? Les choses que nous avons cru devoir entreprendre, avons-nous cru pouvoir les terminer? Je suis le premier qui ait fait connaître en France la poésie anglaise. La Déesse légère et court-vêtue allait à grands pas. Ces pierreries sont estimées juste à leur valeur. Je viens de recevoir des étoffes bleues claires et des plumes bleues fines*. Une foule de peuple éperdu et consterné implora la clémence du vainqueur. Passé dix jours on n'ira plus

* Deux adjectifs réunis, peuvent varier quand ils qualifient l'un et l'autre le substantif auquel ils se rapportent. (Grammaire nationale et Journal de la langue française).

à la pêche. Qu'on vous ait fait payer deux cents francs la reliure de ces trois cent quatre-vingts volumes, il n'y a là rien d'étonnant. Après nous avoir si souvent trompés, devait-elle être surprise du peu de confiance que depuis nous avons eu en elle? Brutus et Aruns se sont-ils tués l'un l'autre? Que projetaient-ils en se faisant une guerre à mort? Vous et vos parents vous priiez en vain les juges d'avoir pitié de ces malheureux. Instruits par le malheur des autres, vous ne vous liiez jamais qu'avec de vraies bonnes gens.

33e COMPOSITION.

Des sauvages errants à demi-vêtus, les cheveux épars, rôdaient autour du camp d'Alexandre. Une foule de monde se présente, prince, et demande à vous voir. Une infinité de sauterelles désolaient l'Egypte. Cette multitude de personnes inconnues se dirigeait du côté de la place que défendaient nos soldats. Quelque chose que vous ayez projetée, examinez si elle est conforme à la justice. Les riches, les princes, les rois même ont des soucis et des peines. Quelque grandes que fussent les difficultés que j'avais entendu proposer à cet élève, il les a toutes résolues. Une équité, une probité intacte, faisait le fond du caractère de Saint-Louis. La détonation d'une arme à feu, le cri des animaux, le silence même effraie ces personnes tout extraordinaires. La peur ou la misère leur avait fait commettre cette faute qui est plus grave qu'ils ne l'avaient pensé. Si ce n'est eux*, quels hommes auraient osé faire une entreprise pareille? C'est un délice de se désaltérer dans une eau courante. Les

---

* Dans *si ce n'est*, signifiant *excepté*, le verbe *être* reste au singulier.

sacrificateurs purifiaient leurs mains toutes fumantes du sang des victimes. Quelle que soit la constitution de ces personnes qui ont l'air mourant, nous les avons vues résister au froid avec un courage, une fermeté étonnante. Le peu de progrès qu'avait faits Eugène, avaient causé bien du plaisir à ses parents. Quelle heure avez-vous entendue, mon ami? Six heures et demie, monsieur.

34e COMPOSITION.

Les vers-à-soie font des chefs-d'œuvre que l'art ne saurait imiter. Assurément ces fripons de petits-neveux avaient des arrière-pensées. Laisserez-vous ces va-à-pied, ces boute-en-train emporter ces eaux-de-vie qui ne leur appartiennent pas? La France, divisée autrefois en provinces, se divise aujourd'hui en quatre-vingt-six départements. Les pies-grièches sont ennemies de la fauvette. Les Alexandre du Nord ont-ils conquis votre admiration? Nous devons à la bibliographie plusieurs fac-similé. Les pour-boire sont des pièces de monnaie qu'on donne à un postillon, à un commissionnaire, outre le prix convenu. Les concetti sont des pensées brillantes, mais fausses. Les mauvais écoliers sont accablés de pensums et privés d'exéat. Catherine de Médicis nourrit la haine des Condé contre les Guise. La ville, puis la citadelle, ayant mis bas les armes, s'était rendue aux assiégeants. L'éléphant, comme le castor, aime la société de ses semblables. Comment faut-il écrire les mots qui suivent : un ragoût de pommes de terre, un ratafia d'abricots, deux boisseaux et demi de haricots, des pied-à-terre, des confitures de groseilles sans pepins, des brise-raisons, un cent-suisses, des grand' messes, des grand'mères?

35ᵉ COMPOSITION.

Ami, je n'irai plus rêver si loin de moi, dans les secrets de Dieu, ces comment, ces pourquoi. Insensés que nous étions, nous croyions que le bonheur ou la flatterie frayait la route aux honneurs, aux places distinguées. Dans l'Egypte, dans l'Asie et dans la Grèce, Bacchus, ainsi qu'Hercule, était reconnu comme demi-dieu. Aristide et Socrate jugeaient de tout en philosophes; ni l'un ni l'autre n'étaient ambitieux. Leur désintéressement, leur droiture leur conciliait les cœurs. Mes amis, ne sortez jamais nu-tête ni pieds nus, vous pourriez vous en trouver mal. Quelques disgrâces qu'aient éprouvées mes parents et les vôtres, ils ne se sont pas laissés aller au découragement. L'armée persane écumant de rage de s'être laissé battre par une poignée de Grecs, retourna dans sa patrie après la bataille. Les Grecs, les Romains même, n'excellaient pas moins dans le choix des sites de leurs édifices, que dans l'architecture de ces édifices mêmes. Les jours que nous avons passés dans l'inaction, sont des jours perdus que nous avons regretté plus d'une fois de n'avoir pas mieux employés. Les succès qu'on n'avait pas prévu qu'obtiendrait cet ouvrage, ont répondu à l'attente que j'en avais fait concevoir à l'auteur.

36ᵉ COMPOSITION. *

Première communion du duc de Bourgogne. — Instruction que Fénélon fait à ce prince.

Le voilà enfin arrivé, Monseigneur, ce jour que

* Composition dont on ne dictera pas la ponctuation.

vous avez tant désiré et attendu, ce jour qui doit apparemment décider de touts les autres de votre vie, jusqu'à votre mort. Votre Sauveur vient à vous sous les apparences de l'aliment le plus familier, afin de nourrir votre âme, comme le pain nourrit tous les jours votre corps : il ne vous paraîtra qu'une parcelle d'un pain commun, mais la vertu de Dieu y est cachée, et votre foi saura bien l'y trouver. C'est un Dieu caché par amour; il nous voile sa gloire, de peur que nos yeux n'en soient éblouis, et afin que nous puissions en approcher plus familièrement. C'est là que vous trouverez la manne cachée, avec les divers goûts de toutes les vertus célestes; vous mangerez le pain qui est au-dessus de toute substance; il ne se changera pas en vous, créature vile et mortelle, mais vous serez changé en lui pour être un membre vivant du Seigneur. Que la foi et l'amour vous fassent goûter le don de Dieu !

37ᵉ COMPOSITION.

Ne va plus, mon ami, chercher si loin les objets dont tu peux avoir besoin; tu trouveras ici des marchands de toute espèce, surtout d'étoffes toutes fines et de draps brillants. Je me rappelle de les avoir vus, toutes ces bonnes gens, demeurant à Marseille. Ne te souvient-il pas que, chemin faisant, nous aperçûmes à travers les roseaux une petite lumière étincelante, et que nous nous dirigeâmes de ce côté-là, mourant de froid et couverts de boue, tirant nos chevaux par la bride, et courant le risque de nous plonger dans quelque fondrière? La plupart des montagnards s'étaient présentés pour nous voir passer. La multitude des flatteurs tenait fermés les yeux des grands seigneurs mêmes.

N'étaient-ce pas les armées de Pharaon qui avaient été noyées dans la mer Rouge? Oui. Une foule de peuple s'était porté précipitamment dans l'endroit que les eaux, en se divisant, avaient rendu praticable. On rencontre à douze milles de Rome, un charmant village que visitent avec plaisir les étrangers qui voyagent en Italie. On porte à plus de six mille quatre-vingts francs la somme qu'un Pair de France à dépensée dans les voyages qu'il a faits dans cette belle contrée.

38ᵉ COMPOSITION.

Les corneilles vivent cent vingt ans, l'homme rarement quatre-vingts. En quelle année sommes-nous? En mil huit cent trente-neuf. Comment ne pas s'impatienter! on l'interrompt à toute heure, à toute minute même. Les portraits que nous avons vus au musée, nous semblaient parlants. La cour de justice, séante à Grenoble, a jugé plusieurs causes. Une foule d'accusés ne s'étant pas présentés au tribunal, on les a condamnés par contumace. Connaissez-vous touts les hommes célèbres que le département des Côtes-du-Nord a vus naître? Les chagrins que m'ont coûtés les procès, ont abrégé les jours que j'aurais vécu. Il n'est sorte d'honnêtetés que ne m'ait faites cette personne, toute polie, tout obligeante, quels qu'aient été mes procédés à son égard. Elle a dû être satisfaite des attentions que vous avez eues pour elle. Ce n'était ni la prudence, ni le courage qui manquaient aux Gaulois, c'était la science dans l'art militaire, et cet ensemble bien calculé dans les attaques. Dans ce temps-là, l'exil où la mort était préférable à l'esclavage. Instruits par quatre-vingts ans de malheurs, ils ouvrirent enfin les yeux et suivirent un autre système.

Les Romains qui s'étaient emparés de leur pays s'en sont vu chasser.

39e COMPOSITION.

Les tonnerres, grondant de toutes parts, sont répétés par les échos de la vallée, et les eaux du lac agitées soulèvent leurs vagues écumantes. Les écrivains russes se sont disputé l'honneur de transmettre à la postérité les belles actions qu'a faites Pierre-le-Grand. Lors de la conjuration de Catilina, Cicéron ne dut son salut qu'à la fermeté qu'il avait montrée. Plusieurs hommes illustres, entraînés par le torrent, s'étaient trouvés alors hors de la route qu'ils auraient dû avoir suivie. Etant touts faits de la manière que j'ai dit, ne vaut-il pas mieux qu'un autre nous commande? Mes manuscrits raturés, tout barbouillés, attestent la peine qu'ils m'ont coûtée. Jeune bergère, permis à toi seule de prendre quelques poires dans ce jardin. Vas-y, et cueilles-en celles que tu voudras. La moitié des frédérics* que m'avait valu ma ferme, aurait été employée à reconstruire mon antique château. Quantité de petits-neveux n'ont été avares que parce que leurs grands-pères l'avaient été avant eux. Deux hommes, soi-disant poètes, se sont querellés, se sont dit mille injures à ma porte. Vains, railleurs, médisants, novateurs, contrariants, dédaigneux et hâbleurs, tels ont été, tels sont encore bien des hommes qui s'imaginent, qu'en abaissant les autres, ils commandent l'estime pour eux.

40e COMPOSITION **.

On a dit que la terre est peuplée de huit cent

* Pièce d'or comme nos louis ou nos napoléons.

** Composition dont on ne dictera pas la ponctuation,

millions d'habitants. Ce calcul ne s'éloigne pas beaucoup de la vérité. Du reste, quand, en pareil cas, on se tromperait de quelques cent mille, le mal ne serait pas grand. C'est par la sagesse, disait un jeune prince, que je deviendrai illustre parmi les nations; que les vieillards respecteront ma jeunesse; que les rois voisins, quelque redoutables qu'ils soient, me craindront; que je serai aimé dans la paix, et redouté dans la guerre. Il faut céder à l'usage et à l'autorité : ce sont deux pouvoirs que l'on ne peut récuser. — Voilà un homme extraordinaire : l'interroge-t-on, il se tait. — Tu n'as point d'ailes, et tu veux voler? rampe. — Le ciel est dans ses yeux, l'enfer, dans son cœur. — Quelle horreur dans le vice! quel attrait dans la vertu! — Quand tout fut accompli, reprenant la parole : « Jocelyn, me dit-elle, encore, encore un don! — Et lequel, ô ma mère? — O mon fils, ton pardon. » La musique se fait entendre, les soldats reprennent leurs armes, la foule accourt, et bientôt le roi paraît. — L'homme qui est insensible aux malheurs de ses semblables, est un égoïste. — Le temps, qui change tout, change aussi nos humeurs.

41e COMPOSITION.

Que le séjour de la campagne est agréable dans la saison où les tièdes zéphyrs ont l'herbe rajeunie! Celui qui, sans s'arrêter aux apparences, ne juge du bonheur des hommes que par l'état de leurs cœurs, verra leurs misères dans leurs succès mêmes. Que les maîtres aient soin de recommander aux enfants de se tenir droits et de marcher droit *. Ma-

---

* C'est-à-dire *en ligne droite*. On pourrait dire aussi *droits;* mais alors ce mot signifierait *tenez vos corps droits*.

dame Dacier était un auteur distingué. Les Romains, tout éclairés qu'ils étaient, s'infatuaient des sortiléges, tout comme nous. Je vous avais demandé des fruits, Messieurs ; vous ne m'en avez point envoyé, et je n'en ai point reçu. Les hommes sont presque touts faits comme les oiseaux qui se laissent prendre dans les mêmes filets où l'on a déjà pris cent mille oiseaux de leur espèce. N'empêchons pas ces élèves de sortir, puisqu'ils se sont acquittés de tous les devoirs qu'on leur avait donnés à faire. Quelle force, quel transport, quelle intempérie avaient causés ces agitations qui s'étaient manifestées partout ! On ne peut disconvenir que Fabius n'ait été un des plus grands capitaines qu'ait eus la république romaine. Les mathématiques que vous aviez désiré que j'eusse étudiées, n'avaient jamais eu d'attrait pour moi.

42e COMPOSITION.

Les soldats, qui ne respiraient que vengeance, ne combattaient pas dans l'espérance de remporter la victoire ; mais ils combattaient pour laver dans le sang des ennemis les injures qu'ils en avaient reçues. Dieu n'avait distribué des richesses à vos ancêtres que parce qu'il avait prévu qu'ils les emploieraient à soulager les malheureux. Nous sommes sortis de ce lieu, portes ouvrantes ; nous y sommes rentrés, portes fermantes. Y a-t-il dans ces pied-à-terre * quelques pieds-de-biche **, et dans ce jardin, des pieds-de-coq ***? Qui pourrait dire touts les mo-

* Petits logements.

** Instruments de dentiste.

*** Plantes à fleurs en épis.

ments que la mère de saint Augustin avait pleuré*? Ce maréchal a deux travails pour ferrer les chevaux vicieux. Le commis du ministre a par semaine trois travails avec son excellence**. On compte en France quatre cents villes, quarante-trois mille bourgs ou villages, et quatre mille trois cent quatre-vingts rivières ou petits ruisseaux. Quels que soient ces ouvrages, je voudrais que vous ne les eussiez pas lus. La maison que j'habite sera bientôt toute en ruine. On a cuit une partie du pain destiné aux pauvres. On a trouvé une partie du pain mangée***. Un des salons était entièrement orné de têtes d'étude d'après l'antique, toutes dessinées par la princesse royale, feu la reine de Wurtemberg. Quelque dangereuses que soient ces sociétés, vous ne paraissez point avoir honte de les avoir fréquentées.

43e COMPOSITION,

Oh! qu'heureux étaient ces gens-là d'être instruits en cette doctrine ****! Quelque chose qu'ait faite cet enfant, on ne le gronde jamais *****. C'était à ces vertus que vous deviez vos premiers homma-

* Sous-entendu *pendant*.

** Dans ces deux sens, *travail* prend *s*, c'est-à-dire lorsqu'il signifie le compte qu'un commis rend à un ministre, ou une machine dont se servent les maréchaux pour ferrer les chevaux vicieux.

*** Quand un adjectif ou un participe est placé après deux substantifs, unis par *de, du, de la, des,* il s'accorde suivant le sens qu'on veut exprimer, tantôt avec le premier nom, tantôt avec le second.

**** *Heureux*, au masculin, la construction étant inverse.

***** *Quelque chose*, signifiant *quelle que soit la chose*, est du féminin.

ges *. Ce n'étaient ni les sciences ni les arts qui dégra-
daient alors les hommes, c'étaient leurs mauvaises
inclinations. Qu'on m'apporte une demi-douzaine de
poires fraîches-cueillies **. Cette foule de peuple
éperdu, implorait la clémence de Théodose. Quels
états florissaient l'an trois mille six cent ***? Les deux
Corneille n'ont pas cultivé l'art dramatique avec un
égal succès. On ne voit dans les appartements de la
reine-mère qu'œils-de-serpent ****, qu'œils-de-per-
drix *****. Une infinité de soldats russes ravageaient
une des contrées que j'ai visitées. Cette multitude
de personnes inconnues que nous aurions bien désiré
de n'avoir pas rencontrées, se dirigeait vers la mer,
par des routes qu'il était très-difficile de faire.
Toute puissance est faible, à moins que d'être unie.
Ce n'étaient ni les richesses, ni les honneurs, que
recherchaient mes aïeuls maternels, c'était la paix
et le bonheur. Ce sont les dieux, et non la mer,
qu'il faut craindre ******. Ecrivez correctement et
suivant le vrai sens qu'offrent les mots suivants: des
sous-ordre, des malaises, des mains-d'œuvre, des
bouts-rimés. Voilà un beau labyrinthe; promènes-
y-toi, mon ami, mais prends garde de t'y égarer.

---

* Le verbe *être* reste au singulier après *ce*, lorsqu'il
est suivi d'un complément indirect d'un autre verbe.

** *Fraîches*, quoique pris ici comme adverbe, s'accorde
pour cause d'euphonie.

*** Suivant quelques grammairiens estimés, entr'autres
MM. Martin et Bescherel, on écrit *mille*, en parlant des
années qui ont précédé notre ère.

**** Pierreries.

***** Broderie.

****** On peut dire aussi : *C'est* devant un nom plurie
quand il suit un *que* et non un *qui: C'est les dieux, et non
la mer, qu'il faut craindre* (Fénélon). *Est-ce les Anglais
que vous aimez?* (Acad.)

Quelques peines que j'aie prises pour rendre heureux certaines gens, ils n'en ont tenu aucun compte.

44e COMPOSITION.

Le nombre des sots ne diminue pas *. Un nombre considérable d'oiseaux faisaient leurs nids dans ce bois. Un nombre de trois cent quatre-vingts soldats a été ajouté à ce régiment. On se battit de part et d'autre en désespérés. Les faux honnêtes gens sont ceux qui déguisent leurs défauts aux autres; les vrais honnêtes gens sont ceux qui les connaissent et s'en confessent. Jaloux du mérite des autres, de leur élévation ou de l'estime dont ils jouissent, les esprits qui ne peuvent monter jusque-là, s'en dédommagent par le plaisir de rabaisser les autres à leur niveau. Plus celui qui s'estime au-delà de sa valeur, s'imagine conquérir d'estime en dépréciant les autres, plus il donne à penser que le chapitre qu'il traite a besoin d'être prouvé. Le mépris qu'on a pour les autres, et la trop grande estime qu'on a de soi-même, est la marque certaine d'une âme malade, mais qui ne se mettra jamais au régime qui lui convient. En fait de voix, les basses-tailles sont-elles plus estimées que les hautes-contre? Les Vauban et les Villars allaient au théâtre admirer les chefs-d'œuvre des Racine et des Molière. Aujourd'hui, plus de Racines, plus de Molières, et cependant nous sommes jusqu'au cou dans le *progrès*. Une ville qui mérite d'être vue, c'est sans doute Lon-

---

* Le substantif *nombre* est collectif général quand il est précédé de *le*, *les*, *ce*, *cet*, etc.; alors le verbe, le participe et l'adjectif s'accordent avec lui : il est collectif partitif lorsqu'il signifie *beaucoup*, et alors l'accord se fait avec le nom qui le suit. Mais quand *nombre* ne signifie pas *beaucoup*, l'accord se fait avec lui.

dres ; vas-y, voyageur, restes-y quelques semaines, et tu y verras des choses tout admirables, toutes surprenantes. Cette personne est si vieille qu'elle ne peut se tenir droite * ; cependant elle va droit son chemin.

45ᵉ COMPOSITION.

La prame que nous avons vu prendre, s'est défendue avec intrépidité. La frégate ennemie qui s'en est emparée, a fait une manœuvre habile.—Les succès qu'avait obtenus l'aîné de mes enfants, ne m'avaient pas aveuglée sur ses défauts, a dit une comtesse. Quels obstacles le génie de l'homme n'a pas surmontés ! La feue dame de ce château et feu sa cousine ne se sont-elles pas injuriées ? ne se sont-elles pas moquées ? ne se sont-elles pas ri l'une de l'autre ? ne se sont-elles pas querellées quatre cents fois pendant leur vie ? Qu'on ait fait beaucoup de fautes dans les deux devoirs que je regrette de vous avoir dictés , je ne m'en étonne pas. Tu donnes à ces enfants des principes qu'il est utile d'approfondir. Ne savez-vous pas que Pascal est un des plus grands génies qui aient existé, et que la France ait vus naître ? Je suis satisfaite, disait une grand'mère à ses petits-enfants, du peu d'application que vous avez apportée à l'étude ; vous m'avez honorée, et vous méritez touts d'être récompensés. La route dans laquelle avaient marché ces pêcheurs qui se sont convertis, était pavée de pierres, mais elle les aurait conduits aux supplices éternels. Nées dans un château magnifique, et élevées au sein de la mollesse , ces personnes-là auraient-elles pu supporter les travaux de la campagne ? Cette toile que vous nous avez vus acheter, ces marchands que voilà se l'étaient partagée.

* **Droit** se prend comme adjectif, quand le verbe a un régime auquel il se rapporte.

Article 2.

Locutions vicieuses à dicter aux élèves.

1re COMPOSITION.

Prince, vivez pendant longues années : le peuple, qui vous aime et porte beaucoup de respect, vous souhaite toute sorte de bonheur.* Si les vœux en sont exaucés, Dieu vous préservera de toutes sortes de maux. Jaloux des droits de sa couronne, l'unique occupation de ce prince était de la transmettre à ses légitimes successeurs. Il semble que nous augmentons notre être, lorsque nous le pouvons porter dans leur mémoire aux autres. Varon offre la bataille à Annibal qui l'accepte et vainquit les Romains. Voilà deux soldats qui ont fait dix lieues aujourd'hui, quoiqu'ils étaient blessés. Je suis venu vous voir, pour que nous parlassions d'affaires. Il était nécessaire que nous fassions ce voyage. Je cherche un homme qui veut m'obliger. C'était Pierre et Jean qui venaient ici ensemble avec leur père. Il s'en faut de beaucoup que le cadet ne soit si aimable que l'aîné. Il s'en faut de peu que vous le contredites.

2e COMPOSITION.

Il s'en faut beaucoup que le compte ne s'y trouvait. Il s'en faut peu que ce vase qui est là parmi la paille, est plein.** C'est les fils et le père, ce sont

* Le substantif *sorte*, ayant pour complément un nom lorsque son complément est au pluriel.

** *Il s'en faut de beaucoup, de peu,* se disent des quans s'en faut beaucoup, peu.

Article 2.

Corrigé des locutions vicieuses.

1re COMPOSITION.

Prince, vivez longues années : le peuple, qui vous aime et qui vous porte beaucoup de respect, vous souhaite toute sorte de bonheur. Si ses vœux sont exaucés, Dieu vous préservera de toutes sortes de maux. Jaloux des droits de sa couronne, ce prince ne s'occupait que du soin de la transmettre à ses légitimes successeurs. Il semble que nous augmentions notre être, lorsque nous pouvons le porter dans la mémoire des autres. Varon offre la bataille à Annibal qui l'accepte et vainc les Romains. Voilà deux soldats qui ont fait dix lieues aujourd'hui, quoiqu'ils soient blessés. Je suis venu vous voir, pour que nous parlions d'affaires. Il était nécessaire que nous fissions ce voyage. Je cherche un homme qui veuille m'obliger. C'était Pierre et Jean qui venaient ici avec leur père. Il s'en faut beaucoup que le cadet soit aussi aimable que l'aîné. Il s'en faut peu que vous ne le contredisiez.

2e COMPOSITION.

Il s'en faut de beaucoup que le compte s'y trouve. Il s'en faut de peu que ce vase qui est là sur la paille, soit plein. Ce sont les fils et le père, c'est

singulier, reste au singulier ; mais il se met au pluriel,

tités : en général, dans tout autre acception, on dit : *il*

Locutions vicieuses.

la mère et ses filles qui nous ont raconté cette nouvelle *. Je vous promets que cette règle est davantage difficile que vous ne la pensez. Malgré que vos
père et mère ne me viennent plus voir, j'espère
qu'ils se portent bien**. On ne saurait trop recommander de se tenir droit, lorsqu'on écrit. Tout savants que nous soyons, il nous reste bien des choses
à apprendre. Nous avons prévenu ces messieurs de
notre arrivée, pour qu'ils vinssent passer la soirée
avec nous. Ce jeune homme n'est pas digne de pu-
nition, et vous, mon ami, vous la méritez. Etes-
vous ce Racine qui avez fait des excellents vers?

5e COMPOSITION.

On dit qu'on cultive le froment à barbes serrées,
au département de Vaucluse. Lisez l'ouvrage de ce
poète, et vous vous convaincrez que ce n'est pas
une satire qu'il a faite, mais un bon livre. Quelque
méchants qu'étaient ces hommes-là, on ne leur a
jamais vu envahir les biens de leurs voisins, et égorger les faibles. Les Romains, tout éclairés qu'ils
fussent, s'infatuaient des sortilèges, tout comme
nous. Mon frère ayant maintes fois parlé avec votre
père, il lui a entendu dire souvent de fois que
bonne renommée valait mieux que ceinture dorée.

*Etre, précédé de ce, et suivi de deux noms singuliers,
au pluriel et le second au singulier, il se met au pluriel;
et le second du pluriel, il reste au singulier.

** Espérer que, offrant à l'esprit l'idée d'une chose à
sent, ni d'un verbe au passé. Il en est de même de pro-

Corrigé.

la mère et ses filles qui nous ont raconté cette nouvelle. Je vous assure que cette règle est plus difficile que vous ne le pensez. Quoique votre père et votre mère ne viennent plus me voir, je pense ou je me plais à croire qu'ils se portent bien. On ne saurait trop recommander aux enfants de se tenir droits, lorsqu'ils écrivent. Tout savants que nous sommes, il nous reste bien des choses à apprendre. Nous avons prévenu ces messieurs de notre arrivée, pour qu'ils viennent passer la soirée avec nous. Ce jeune homme ne mérite pas d'être puni, et vous, mon ami, vous méritez de l'être. Etes-vous ce Racine qui a fait d'excellents vers?

3e COMPOSITION.

On dit que le froment à barbes serrées, est cultivé dans le département de Vaucluse. Lisez l'ouvrage de ce poète, et vous vous convaincrez que ce n'est pas une satire qu'il a faite, mais que c'est un bon livre qu'il a composé. Quelque méchants que fussent ces hommes-là, on ne les a jamais vus envahir les biens de leurs voisins, ni égorger les faibles. Les Romains, tout éclairés qu'ils étaient, s'infatuaient des sortiléges, tout comme nous. Mon frère ayant parlé maintes fois à votre père, l'a souvent entendu dire que bonne renommée vaut mieux que

reste au singulier ; suivi de deux noms, dont le premier est
mais suivi de deux noms, dont le premier est du singulier

venir, ne doit pas en général être suivi d'un verbe au pré-
mettre que.

Locutions vicieuses.

Est-ce que nous sommes la cause que tous ces honnêtes gens-là se sont déplu chez nous et se sont
retirés? Oui, nous le sommes, car auparavant notre
mauvais procédé vis-à-vis d'eux ils venaient passer
ici plusieurs après-dînées et plusieurs après-minuit *. La non-existence de Dieu est une chose que
l'on ne peut supposer qui ait été atdopée par des
hommes de bon-sens. La rose, le jasmin, la renoncule, cultivés dans mon jardin, étaient son principal ornement.

4e COMPOSITION.

Il est aussi naturel d'estimer ce qu'on aime, qu'on
voudrait que partout on l'estimât de même. Un
jeune et un vaillant monarque gouverne paisiblement les états du nord. Plusieurs rivières avaient été
détournées pour leur faire passer dedans les jardins
de Lucullus. C'était là ce reste de nos soldats qu'on
a trouvé après la bataille. Les affaires vont mal
dans tel état, parce que dans les deux Chambres
on est partagés de sentiments. Une fois nés, la douleur est notre partage. Massillon est un excellent
écrivain; il n'y a pas de meilleure plume que lui **.
Quelque bons poètes qu'étaient Boileau et Dellile,
leurs vers ne sont pas si bons que ceux composés
par les Racine. Cette conduite de Lucullus pouvait
être justifiée, en considérant qu'il avait trouvé les
troupes énervées par les délices que leur avait procurées un pays si abondant que beau.

Minuit et midi, ne prennent pas la marque du pluriel.
** Il faut ici *que lui* et non *que la sienne : plume* se prend

ceinture dorée. Est-ce que nous sommes la cause
que tous ces honnêtes gens-là se sont déplu chez
nous, et se sont retirés ? Oui, nous le sommes, car
avant notre mauvais procédé à leur égard, ils venaient passer ici plusieurs après-dinées et plusieurs
après-minuit. La non-existence de Dieu est une
chose que l'on ne peut supposer avoir été adoptée
par des hommes de bon sens. La rose, le jasmin, la
renoncule, cultivés dans mon jardin, en étaient le
principal ornement.

4ᵉ COMPOSITION.

Il est si naturel d'estimer ce qu'on aime, qu'on
voudrait que partout les autres l'estimassent de
même. Un jeune et vaillant monarque gouverne
paisiblement les états du nord. Plusieurs rivières
avaient été détournées, pour qu'on les fit passer
dans les jardins de Lucullus. C'était là ce reste de
nos soldats, qu'on a trouvé après la bataille. Les
affaires vont mal dans tel état, parce que dans les
deux Chambres on est partagés de sentiments. Une
fois que nous sommes nés, la douleur est notre partage. Massillon est un excellent écrivain ; il n'y a
pas de meilleure plume que lui. Quelque bons poètes
que fussent Boileau et Delille, leurs vers ne sont
pas aussi bons que ceux qu'ont composés les Racine. On pouvait justifier cette conduite de Lucullus, en considérant qu'il avait trouvé les troupes
énervées par les délices que leur avait procurées un
pays aussi abondant que beau.

pour *écrivain*.

Locutions vicieuses.

5e COMPOSITION.

On dit que, quoique cette princesse a trois à quatre enfants, elle n'a d'yeux que pour son fils aîné, et qu'elle ne fait rien tous les jours que parler de cet enfant. Avez-vous payé la montre en or et la table en marbre que vous achetâtes ce matin? Ces marchands-là sont trop patients pour que quelque impolitesse leur fasse sortir de leur caractère; c'est alors, au contraire, qu'ils se montrent les plus aimables; cependant prenez garde de vous nuire les uns les autres en les contrariant trop. L'intérêt général et privé demandait qu'on prend cette mesure, toute rigoureuse qu'elle vous paraît et à vos associés. Connaissant bien les règles de la grammaire, le principal a chargé ce jeune homme d'une classe de français. Nous avons encore un peu de vin que vous nous aviez vendu. Nous n'aimons pas de vins qui ne flattent point le palais. Le nombre de personnes invitées, était de vingt à vingt-une, ou de vingt à trente et deux. Seriez-vous le marchand qui nous veniez voir tous les mois l'an dernier?

6e COMPOSITION.

Pour qu'un arbre s'élance, il faut lui couper ses branches. On m'a assuré que deux ministres français iraient à Vienne cette année. Je n'assurerai pas que le roi avait vécu à l'époque que vous parlez. Il me semble que Corneille ait donné des modèles dans tous les genres. Il me semble que mon cœur se veuille fendre *. Pensez-vous qu'il s'agisse d'un for-

* Les auteurs emploient tantôt l'indicatif, tantôt le subtude, ou qu'ils veulent exprimer un doute. Cependant le précédé d'aucun pronom régime.

Corrigé.

5ᵉ COMPOSITION.

On dit que, quoique cette princesse ait trois ou quatre enfants, elle n'a d'yeux que pour son fils aîné, et qu'elle ne fait touts les jours que parler de cet enfant. Avez-vous payé la montre d'or et la table de marbre que vous avez achetées ce matin? Ces marchands-là sont trop patients pour que quelque impolitesse les fasse sortir de leur caractère; c'est alors, au contraire, qu'ils se montrent le plus aimables; cependant prenez garde de vous nuire les uns aux autres en les contrariant trop. L'intérêt général et l'intérêt particulier demandaient qu'on prît cette mesure, toute rigoureuse qu'elle vous paraissait, à vous et à vos associés. Comme ce jeune homme connaît bien les règles de la grammaire, le principal l'a chargé d'une classe de français. Nous avons encore un peu du vin que vous nous aviez vendu. Nous n'aimons pas des vins qui ne flattent point le palais. Le nombre des personnes invitées, était de vingt ou de vingt et une, ou de vingt à trente-deux. Seriez-vous ce marchand qui venait nous voir touts les mois l'an dernier?

6ᵉ COMPOSITION.

Pour qu'un arbre s'élance, il faut en couper les branches. On m'a assuré que deux ministres français iront à Vienne cette année. Je n'assurerai pas que le roi vécût à l'époque dont vous parlez. Il me semble que Corneille a donné des modèles dans touts les genres. Il me semble que mon cœur veut se fendre (ou veuille se fendre). Pensez-vous qu'il s'agit d'un

jonctif après *il semble*, suivant qu'ils affirment avec certi-
subjonctif est ordinairement usité, quand *il semble* n'est

5

Locutions vicieuses.

fait exécrable! Si pendant l'absence de Monsieur, l'on l'entend appeler, l'on dira qu'il a sorti. Votre frère ou votre ami, me dites-vous, me serviront d'interprètes. Demandez à ces Dames si elles sont sœurs : oui, elles les sont. Moi et le capitaine fûmes les premiers qui montâmes à l'assaut. Que venez-vous faire dedans ce pays ici? Nous sommes deux orphelins qui cherchent le pain nécessaire à la vie. Les usages que nous voyons adopter à bien des pays, ne seront jamais suivis dedans le nôtre. Je cherchai l'homme qui veuille m'obliger; c'est aujourd'hui la seule fois que je le vois. Ce cheval en agit mal vis-à-vis de son cavalier, car il l'a jeté par terre. Socrate devant l'aréopage, parla avec force, puis il se tait, puis reprend la parole, et continue à parler*.

7e COMPOSITION.

Ces ouvrages-là ne sont rien que des abrégés; il est vrai de dire que plus détaillés, on ne les lirait pas. Les zibelines le plus noires sont celles les plus estimées. Je ne puis croire que ces livres coûtent six francs chaque. Aujourd'hui l'on est ami dans la chambre des Pairs, et demain rival. On ne fait rien que ce que l'intérêt nous ordonne**. Ce que je vous prie, Monsieur, c'est de parler avec le ministre des six cents francs qu'il m'a promis et que j'ai grand besoin. Ma feue mère et feu ma grand'tante m'avaient dit, je m'en rappelle encore, que pour être

---

* *Continuer à* se dit quand il n'y a pas d'interruption

** *On* et *nous* présenteraient une faute, parce que ces Il y a cependant des auteurs qui emploient ces pronoms figures de grammaire.)

Corrigé.

forfait exécrable ! Si pendant l'absence de Monsieur, on l'entend appeler, on dira qu'il est sorti. Votre frère ou votre ami, me dites-vous, me servira d'interprète. Demandez à ces Dames si elles sont sœurs. Oui, elles le sont. Moi et le capitaine nous fûmes les premiers qui montèrent à l'assaut. Que venez-vous faire dans ce pays-ci ? Nous sommes deux orphelins qui cherchons le pain nécessaire à la vie. Les usages que nous voyons adoptés par bien des pays, ne seront jamais suivis dans le nôtre. Je cherche l'homme qui veut m'obliger ; c'est aujourd'hui la seule fois que je le voie. Ce cheval agit mal envers son cavalier, car il l'a jeté à terre. Socrate devant l'aréopage, parle avec force, puis il se tait, puis il reprend la parole, et continue de parler.

7e COMPOSITION.

Ces ouvrages-là ne sont que des abrégés ; il est vrai que s'ils étaient plus détaillés, on ne les lirait pas. Les zibelines les plus noires sont celles qu'on estime le plus. Je ne puis croire que ces livres coûtent six francs chacun. Aujourd'hui l'on est amis dans la chambre des Pairs, et demain rivaux. On ne fait que ce que l'intérêt ordonne. Ce que je vous recommande, Monsieur, c'est de parler au ministre des six cents francs qu'il m'a promis, et dont j'ai grand besoin. Ma feue mère et feu ma grand'tante m'avaient souvent dit, je me le rappelle encore,

et *continuer de* quand il y en a.

deux pronoms n'ont rien de commun (Société grammaticale). conjointement ; le rapport est alors sylleptique. (*Voir les*

Locutions vicieuses.

estimé, il faut s'appliquer au travail et à pratiquer la vertu. Les garçons de M. Roche m'ont piqué mon petit cheval en le ferrant, dont je suis fort en colère contre eux, et avec raison. La Déesse remonta dedans un nuage doré dont elle était sortie. Que sa mémoire rentre dans le néant dont je l'ai fait sortir.

8e COMPOSITION.

Ne savez-vous pas qu'Hypéride avait imité Démosthènes, en tout ce qu'il a fait de beau? Arrivé dans ce lieu-là, une étoile s'offrira devant toi. La lettre que je viens à recevoir, est pleine de beaucoup de civilités. Il n'y a que le seul Racine qui soutient constamment l'épreuve de la lecture. Croyez-vous que l'on peut dire qu'on a trompé cet homme? Les petits esprits sont blessés de petites choses. L'étude nous affranchit souvent des erreurs et préjugés que nous voyons adopter à tant de nations. Il n'y a ni rang ni fortune qui peut racheter des basses inclinations. On eût dit, on eût cru que toutes les étoiles tombassent par terre. On dirait, on croirait que cet homme-là soit fou *. J'ai toujours cru qu'il n'y avait aucun plaisir qui valait celui d'une bonne action. Ce prince était fort surpris que les choses qu'il avait les mieux aimées, n'étaient plus celles les plus agréables à ses yeux.

9e COMPOSITION.

Vous direz que vos frères se trouvent bien ici;

---

* On emploie généralement le subjonctif après ces ex-
cond verbe exprime quelque chose qui soit sans vraisem-
traire.

que, pour être estimé, on doit s'appliquer au travail et à la pratique de la vertu. Les garçons de M. Roche ont piqué mon petit cheval en le ferrant, ce dont je suis fort en colère, et avec raison. La Déesse remonta dans un nuage doré d'où elle était sortie. Que sa mémoire rentre dans le néant d'où je l'ai fait sortir.

8e COMPOSITION.

Ne savez-vous pas qu'Hypéride a imité Démosthènes dans tout ce que celui-ci a fait de beau? Lorsque tu seras arrivé dans ce lieu-là, une étoile s'offrira devant toi. La lettre que je viens de recevoir est pleine de civilités. Il n'y a que Racine qui soutienne constamment l'épreuve de la lecture. Croyez-vous qu'on puisse dire que quelqu'un ait trompé cet homme? Les petits esprits sont blessés des petites choses. L'étude nous affranchit souvent des erreurs et des préjugés que nous voyons adoptés par tant de nations. Il n'y a ni rang ni fortune qui puissent racheter de basses inclinations. On eût dit, on eût cru que toutes les étoiles tombaient à terre. On dirait, on croirait que cet homme est fou. J'ai toujours cru qu'il n'y a aucun plaisir qui vaille celui d'une bonne action. Ce prince était fort surpris que les choses qu'il avait le mieux aimées ne fussent plus celles qui étaient le plus agréables à ses yeux.

9e COMPOSITION.

Vous direz que vos frères se trouvent bien ici; ce

pressions, *on dirait, on croirait, on eût dit,* quand le se-
blance ou sans probabilité, et l'indicatif dans le cas con-

Locutions vicieuses.

ce n'est pas cependant qu'ils n'ont un nombre infini d'occupations. Le peuple est moins superstitieux aujourd'hui ; il ne croit plus qu'il y a des revenants. Je suis loin cependant de conclure qu'il faut condamner cette croyance. On a dit qu'Annibal avait le visage plus large que son père, et les yeux plus gros que son frère. Du Guesclin n'était pas grand, mais cependant robuste. Je doute que votre père était content, lorsqu'il voyait de telles choses. La bienfaisance, l'amitié, l'étude, remplissaient tous mes moments *. Pardonnez-vous mon frère d'avoir pris ces livres qui ne lui appartenaient point, mais à vous ? Instruisez mon fils, comme vous voudriez que l'ami d'un monarque le soit **. J'eusse perdu ma fortune tout entière, si l'on m'avait entraîné dans ce lieu-là.

10e COMPOSITION.

Je ne pense pas que le soldat veuille abandonner ses drapeaux, si l'occasion se présentait. Aristide était si modeste que désintéressé ; personne n'ignore qu'il se signalât dans une expédition assez dangereuse pour y échouer. Vous et les miens avez mérité pire. Cet homme n'est rien que vanité ; on en déteste les manières ; on en fuit la société. Philosophe sans système, on ne trouve dans ses ouvrages ni erreurs ni contradictions. C'est moi qui reçus le premier, vers les une heure et demie cette après-midi, la nouvelle de votre promotion. Si

---

* *Remplissaient* au pluriel, les sujets n'étant ni syno-
** Le pronom *le* ne doit pas représenter un participe qui

Corrigé·

n'est pas cependant qu'ils n'aient un grand nombre
d'occupations. Le peuple est moins superstitieux
aujourd'hui; il ne croit plus qu'il y ait des revenants. Je suis loin de conclure cependant qu'il faille
condamner cette croyance. On a dit qu'Annibal avait
le visage plus large que celui de son père, et les
yeux plus gros que ceux de son frère. Du Guesclin
n'était pas grand, mais il était robuste. Je doute
que votre père fût content, lorsqu'il voyait de telles
choses. La bienfaisance, l'amitié, l'étude, remplissaient tous mes moments. Pardonnez-vous à mon
frère d'avoir pris ces livres qui ne lui appartiennent
point, mais qui sont à vous? Instruisez mon fils,
comme vous voudriez que fût instruit l'ami d'un
monarque. J'eusse perdu ma fortune tout entière,
si l'on m'eût entraîné dans ce lieu-là.

10e COMPOSITION.

Je ne pense pas que le soldat voulût abandonner
ses drapeaux, si l'occasion s'en présentait. Aristide
était aussi modeste que désintéressé; personne n'i-
gnore qu'il se signala dans une expédition assez dangereuse pour qu'il y échouât. Vous et les miens
avez mérité pis. Cet homme n'est que vanité; on
déteste ses manières; on fuit sa société. Philosophe
sans système, il n'offre dans ses ouvrages ni erreurs
ni contradictions. C'est moi qui ai reçu le premier,
cet après-midi, vers une heure et demie, la nouvelle de votre promotion. Si c'était moi qui eusse

nymes, ni placés par gradation.
n'a pas été précédemment exprimé.

Locutions vicieuses.

c'était moi qui eut commis cette faute, vous ne me la pardonneriez pas. La foule des courtisans qui assiégeaient le trône, avait été renvoyée. Si j'aurais voulu obtenir cette place, je l'aurais sollicitée ; mais je n'ai point fait. Le Saint-Esprit nous ayant démontré deux moyens de connaître la vérité, nous serions injurieux envers lui, si nous négligions un. Tout savants que nous soyons, nous ignorons bien des choses.

11e COMPOSITION.

Le légat publia une sentence d'interdit sur tout le royaume ; il dura dix mois. La maison d'où sort Clisson, est célèbre par les services qu'elle a rendus. Licinius étant venu à Rome, il fit mettre à la question plusieurs personnages illustres. Etes-vous ce généreux guerrier qui me sauva la vie au moment que j'allais périr ? Non, Madame, je ne suis pas ce guerrier qui vous ai défendue, et porté le secours que vous aviez besoin, et que réclamait la position fâcheuse dans laquelle vous vous étiez trouvée. Dans les premiers âges du monde, chaque père de famille gouvernait la sienne avec un pouvoir absolu. Il semble que ce général ait eu d'abord un bon dessein, et que la gloire de la pauvreté ait séduit dans la suite, lui et ses partisans. Quand le moulin du château sera terminé, on lui adaptera des aîles. Dans l'éducation des jeunes gens, on doit avoir pour but d'en cultiver l'esprit et d'en former la raison. Nous savons qu'il faut attendre tout de Dieu, *rien de soi-même.*

Corrigé.

commis cette faute, vous ne me la pardonneriez
point. La foule des courtisans qui assiégeaient le trône,
avait été renvoyée. Si j'avais voulu obtenir cette
place, je l'aurais sollicitée ; mais je ne l'ai point fait.
Le Saint-Esprit nous ayant montré deux moyens de
connaître la vérité, nous l'offenserions, si nous en
négligions un. Tout savants que nous sommes, nous
ignorons bien des choses.

11e COMPOSITION.

Le légat publia une sentence d'interdit sur tout
le royaume ; cet interdit dura dix mois. La maison
dont sort Clisson, est célèbre par les services qu'elle
a rendus. Licinius étant venu à Rome, fit mettre à
la question plusieurs personnages illustres. Etes-
vous ce généreux guerrier qui me sauva la vie, au
moment où j'allais périr? Non, Madame, je ne suis
pas ce guerrier qui vous a défendue, et qui vous a
porté le secours dont vous aviez besoin, et que réclamait la position fâcheuse dans laquelle vous vous
étiez trouvée. Dans les premiers âges du monde,
chaque père de famille gouvernait ses enfants avec
un pouvoir absolu. Il semble que ce général ait eu
d'abord un bon dessein, et que la gloire de la pauvreté l'ait séduit dans la suite, lui et ses partisans.
Quand le moulin du château sera terminé, on y
adaptera des aîles. Dans l'éducation des jeunes
gens, on doit avoir pour but de cultiver leur esprit
et de former leur raison. Nous savons qu'il faut
tout attendre de Dieu, et ne rien attendre de soi-
même.

Locutions vicieuses.

12e COMPOSITION.

Un jeune homme qui ne décesse de parler, prouve qu'il a été mal élevé. On ne prétend pas sans fondement que les routes mal gardées soient aujourd'hui infectées de brigands. Les vaisseaux furent revenus d'Afrique, avant que Zaïde n'eût recouvert la santé. Un auteur anglais a prétendu que l'Irlande seule est plus puissante aujourd'hui que les trois royaumes, à la mort d'Elizabeth. Prenez, je vous prie, garde à ces vases de porcelaine et à ces bocals de cristal; ce sont des objets casuels. On sait que les perles ne vaudraient pas tant, si le luxe et l'opinion ne relevaient tous les jours leur prix. Les rois ont besoin qu'on les fasse quelquefois souvenir de leur condition mortelle, et les flatteurs, qu'on les fasse repentir de leurs perfides conseils. Saint Ignace a rendu des grands services ; mais en quoi il réussit le plus, fut à réformer les mœurs. Ceux que je plains du fond du cœur, sont l'homme vertueux, réduit à mendier le pain, et l'innocent, victime de la calomnie. Malgré que vous soyez riche et savant, il ne vous est pas permis de vous énorgueillir.

13e COMPOSITION.

Dédaignant les vains éloges de la multitude, vos actions, Madame, n'ont pour but que de servir l'humanité souffrante. La rigueur du pouvoir est tempérée par le prince, en en partageant les fonctions.

Corrigé.

12e COMPOSITION.

Un jeune homme qui ne cesse de parler, prouve qu'il a été mal élevé. On ne prétend pas sans fondement que les routes mal gardées sont aujourd'hui infestées de brigands. Les vaisseaux étaient revenus d'Afrique, avant que Zaïde eût recouvré la santé. Un auteur anglais a prétendu que l'Irlande seule est plus puissante aujourd'hui que ne l'étaient les trois royaumes, à la mort d'Elizabeth. Prenez garde, je vous prie, à ces vases de porcelaine et à ces bocaux de cristal; ce sont des objets fragiles. On sait que les perles ne vaudraient pas autant, si le luxe et l'opinion n'en augmentent touts les jours le prix. Les rois ont besoin qu'on leur rappelle quelquefois leur condition mortelle, et les flatteurs, qu'on les oblige à se repentir de leurs perfides conseils. Saint Ignace a rendu de grands services, mais la chose en quoi il réussit le mieux, fut à réformer les mœurs. Ceux que je plains du fond de mon cœur, ce sont l'homme vertueux, réduit à mendier son pain, et l'innocent, victime de la calomnie *. Quoique vous soyez riche et savant, il ne vous est pas permis de vous enorgueillir.

13e COMPOSITION.

N'ayant pour but dans vos actions que de servir l'humanité souffrante, vous dédaignez, Madame, les vains éloges de la multitude. En partageant les fonctions du pouvoir, le prince en tempère la ri-

---

* Le pluriel du premier membre de cette phrase nécessite le pluriel dans le second.

Locutions vicieuses.

Je vous prie d'informer l'armateur des dégâts des
ouragans. Sertorius avait une biche, les uns disent
tachetée, les autres, toute blanche, pour qui il avait
une grande affection. Je ne puis souffrir la fierté
du sergent et du sous-officier qui nous apprennent
le maniement des armes et à faire les évolutions nécessaires. Nous aimons autant que nous respectons
la vertu ; mais nous haïssons le vice qui est autant
méprisable que la vertu est aimable. Comment souffrir un homme qui a le malheur de ne parler que de
soi seulement, de rapporter tout à soi ? Ne vous
élevez jamais des bonnes œuvres que vous faites ;
le Seigneur en a horreur et punit l'orgueil. Ayant
perdu ses père et mère au berceau, on avait confié
cet enfant a une grand'tante qu'il avait, qui avait
un fort grand mérite. Que ces élèves envoient leurs
cahiers avec eux, quand ils reviendront en classe,
Etes-vous Scipion qui vainquit Annibal *?

14e COMPOSITION.

La plupart des hommes se conduisent plus par
l'habitude que par la réflexion : voilà pourquoi on
voit des gens qui commettent avec beaucoup d'esprit, de très-grandes fautes. Je leur pourrais reprocher bien des fautes, et découvrir leur noire
ingratitude vis-à-vis de moi au public. Si vous avez
tous ce même cœur et cette même résolution, je
réponds de votre liberté, et que vous n'aurez pas à

* Dans les phrases interrogatives celui qui interroge à
que à la troisième.

gueurs. Je vous prie d'informer l'armateur des dégâts causés par les ouragans. Sertorius avait une
biche tachetée, disent les uns, toute blanche, disent les autres, pour laquelle il avait une grande
affection. Je ne puis souffrir la fierté des sergents
et du sous-officier qui nous apprennent à manier
les armes et à faire les évolutions nécessaires. Nous
aimons la vertu autant que nous la respectons ; mais
nous haïssons le vice qui est aussi méprisable que
la vertu est aimable. Comment souffrir un homme
qui a le malheur de ne parler que de lui-même, de
rapporter tout à lui-même ? Ne vous glorifiez jamais
des bonnes œuvres que vous faites ; le Seigneur
déteste et punit l'orgueil. Ayant perdu son père et
sa mère dès le berceau, cet enfant fut confié à une
grand'tante qu'il avait, et qui était d'un grand
mérite. Que ces élèves apportent leurs cahiers,
quand ils reviendront en classe. Etes-vous Scipion
qui vainquit Annibal ?

14e COMPOSITION.

La plupart des hommes se conduisent plus par
habitude que par réflexion ; voilà pourquoi on voit
des gens qui commettent de très-grandes fautes,
quoiqu'ils aient beaucoup d'esprit. Je pourrais leur
reprocher bien des fautes, et faire connaître au
public leur noire ingratitude envers moi. Si vous
avez touts ce même cœur et cette même résolution,
je réponds que vous ne perdrez pas votre liberté,

l'idée de deux personnes distinctes, et alors il rapporte le

Locutions vicieuses.

souffrir le mépris des Macédoniens. N'ayant jamais
manqué aux lois de l'honneur, on n'aurait pas dû
vous juger digne d'une si grande peine. Touts les
habitants pleuraient avec des larmes inconsolables
ce grand, si chéri et si utile à sa patrie, qui l'affectionnait et rendait des grands services. Tous les honnêtes gens ont toujours cru qu'il valait bien mieux
jouir d'une mauvaise santé que d'une mauvaise réputation. Je m'étonne que cet enfant n'a pas obtenu quelque prix, qui travaille si bien. L'année qui
vient sera peut-être plus heureuse que celle écoulée
naguère.

15ᵉ COMPOSITION.

Il faut jeter les yeux sur les souffrances du Sauveur, afin d'adoucir les afflictions qui nous arrivent
par cette voie. On ne peut pas haïr une religion qui
ne prêche rien que vertus, quand on est vertueux.
Ayant fait d'excellentes études, on a jugé ce jeune
homme susceptible de l'emploi qu'on lui a confié.
Deux de mes frères avaient été envoyés à Paris,
dans l'intention de les y établir. Si le ministre a eu
de l'estime pour eux, ils la doivent à leur conduite,
indigne de reproches. Voilà, me direz-vous, des
faveurs que l'on s'aperçoit ne valoir pas, à beaucoup
près, ce qui en a coûté à les obtenir. Jamais, je le
vois, vous ne viendrez à bout de fixer cet enfant; il
est si léger qu'un papillon. Quel homme! on lui a
vu conquérir ou se rendre maître de quatre royaumes. Qui pourrait fixer le soleil, sans être ébloui
par lui? Ce sont votre père et votre oncle qui vous

Corrigé.

et que vous n'aurez pas à souffrir le mépris des Macédoniens. Comme vous n'avez jamais manqué aux lois de l'honneur, on n'aurait pas dû croire que vous méritiez une aussi grande peine. Touts les habitants, inconsolables, pleuraient amèrement ce grand homme si cher et si utile à sa patrie, qui l'affectionnait et lui rendait de grands services. Touts les honnêtes gens ont toujours cru qu'il vaut bien mieux avoir une mauvaise santé qu'une mauvaise réputation. Je m'étonne que cet enfant qui travaille si bien, n'ait pas obtenu quelque prix. L'année prochaine sera peut-être plus heureuse que celle qui vient de s'écouler.

15e COMPOSITION.

Il faut jeter les yeux sur les souffrances du Sauveur, afin d'adoucir par cette voie les afflictions qui nous arrivent. Quand on est vertueux, on ne peut haïr une religion qui ne prêche que vertus. Ce jeune homme ayant fait d'excellentes études, a été jugé propre à l'emploi qu'on lui a confié. On avait envoyé à Paris deux de mes frères dans l'intention de les y établir. Si le ministre a eu de l'estime pour eux, ils le doivent à leur conduite irréprochable. Voilà, me direz-vous, des faveurs que l'on sait ne pas valoir ce qu'il en a coûté pour les obtenir. Jamais, je le vois, vous ne viendrez à bout de fixer cet enfant; il est aussi léger qu'un papillon. Quel homme! on l'a vu conquérir quatre royaumes, ou s'en rendre maître. Qui pourrait regarder fixement le soleil sans en être ébloui! C'est votre père et votre oncle qui vous demandent; dépêchez-

Locutions vicieuses.

demandent ; dépêchez-vous promptement d'aller parler à eux. Qui ne pardonne rien aux autres, d'ordinaire pardonne tout à lui.

16e COMPOSITION.

Une des choses qu'on comprend la moins, est la licence qu'on se donne à censurer dans les autres les mêmes défauts où nous tombons nous-mêmes. Les hypocrites s'étudient à parer les vices le plus décriés, des dehors de la vertu. Quels pleurs et quelles larmes ne répandent-ils pas pour se délivrer des reproches dont ils sont dignes ! Nous reprenons les défauts d'autrui, sans faire attention à ses bonnes qualités. Quarante ans de guerres civiles plongèrent les finances en un désordre dont il n'y en avait que Sully qui pût les tirer. Souvent plusieurs ont été pardonnés de leur trahison, mais le crime de lèse-majesté n'est presque jamais pardonné. Croyez-vous qu'il y ait une autre vie? Oui *. Je crains que ce jeune homme n'aime trop les spectacles et à chasser. On a de tout temps établi que nous n'avions qu'une seule âme. Peut-on contester que Dieu nous ait créés pour l'aimer et le servir? Etant décidé à partir, je vais vous compter la somme que vous aurez besoin pour faire votre voyage.

17e COMPOSITION.

On croyait avoir atteint la perfection quand on

---

* *Qu'il y ait*, si celui qui interroge est dans le doute, pour connaître la pensée d'un autre.

Corrigé.

vous d'aller leur parler. Qui ne pardonne rien aux autres, d'ordinaire se pardonne tout.

16e COMPOSITION.

Une des choses que je comprends le moins, c'est la licence qu'on se donne de censurer dans les autres les mêmes fautes dans lesquelles nous tombons nous-mêmes. Les hypocrites s'étudient à parer des dehors de la vertu les vices les plus décriés. Quels pleurs ne répandent-ils point, quelles larmes ne versent-ils pas pour se délivrer des reproches qu'ils méritent ! Nous reprenons souvent les défauts des autres, sans faire attention à leurs bonnes qualités. Quarante ans de guerres civiles plongèrent les finances dans un désordre d'où il n'y avait que Sully qui pût les tirer. On a pardonné souvent à plusieurs leur trahison, mais le crime de lèse-majesté est rarement pardonné. Croyez-vous qu'il y a une autre vie (ou qu'il y ait une autre vie) ? Oui. Je crains que ce jeune homme n'aime trop les spectacles et la chasse. On a de tout temps établi que nous n'avons qu'une seule âme. Peut-on contester que Dieu nous a créés pour l'aimer et le servir ? Puisque vous êtes décidé à partir, je vais vous compter la somme dont vous aurez besoin pour faire votre voyage.

17e COMPOSITION.

On croyait avoir atteint à la perfection, quand on

qu'il y a, s'il n'est pas dans le doute ; s'il n'interroge que

Locutions vicieuses.

avait su plaire à Madame. Si vous vous décidez de faire le voyage de Londres, et voulez bien me permettre de vous accompagner et le Comte, je vous serai d'un grand secours. Malgré que j'aie fixé longtemps cette personne qui s'est présentée chez moi, je n'ai jamais pu la reconnaître. L'honnête homme qui dit franchement la vérité, en impose. Le fripon qui cherche à se tirer d'affaire par des mensonges, impose. Permettez, Monsieur, que je vous observe que vous vous trompez en vous imaginant que les fantômes qui nous avaient effrayés et fait faire bien des conjectures, ne sont pas disparus. Savez-vous lequel des deux a été le plus grand homme, de César ou d'Alexandre [*] ? Il y a des pays qui ont été, ou point, ou mal décrits. Je vous déclare, Monsieur, que je ne veux, et je ne dois, et ne puis appuyer votre pétition. Quatre à cinq négociants ont arrivé ici hier soir : ils ont parti ce matin pour Londres; c'est là où ils comptent vendre deux à trois mille quintaux de blé, vingt francs chaque. Homme charitable, tu veux réformer les autres; commence par toi-même.

18ᵉ COMPOSITION.

Les Syriens furent les premiers qui domptèrent les flots [**]. Le meilleur usage qu'on peut faire de l'esprit, est de se défier de lui. Je ne crois pas, et ne pourrai croire qu'il parvienne à cet emploi sans l'appui de votre protection. Le malade a trop mal

[*] L'usage permet de dire : *lequel des deux, César ou*
[**] Assertion positive, d'où l'indicatif.

Corrigé.

avait su plaire à Madame. Si vous vous décidez à
faire le voyage de Londres, et si vous voulez bien
me permettre de vous accompagner, vous et le
Comte, je vous serai d'un grand secours. Quoique
j'aie fixé long-temps mes regards sur cette personne, je n'ai jamais pu la reconnaître. L'honnête
homme qui dit franchement la vérité, impose. Le
fripon qui cherche à se tirer d'affaire par des mensonges, en impose. Permettez, Monsieur, que je
vous fasse observer que les fantômes qui nous
avaient effrayés, et qui nous avaient fait faire bien
des conjectures, n'ont pas disparu. Savez-vous lequel des deux, César ou Alexandre, a été le plus
grand homme? Il y a des pays qui n'ont point été
décrits, ou qui l'ont été fort mal. Je vous déclare,
Monsieur, que je ne veux, ni ne dois, ni ne puis
appuyer votre pétition. Quatre ou cinq négociants
sont arrivés ici hier au soir : ils sont partis ce matin pour Londres; c'est là qu'ils comptent vendre
deux à trois mille quintaux de blé, vingt francs
chacun. Homme charitable, tu veux réformer les
autres; commence par toi-même.

18e COMPOSITION.

Les Syriens furent les premiers qui domptèrent
les flots. Le meilleur usage que l'on puisse faire de
son esprit, c'est de s'en défier. Je ne crois pas, et
je ne pourrai croire qu'il parvienne à cet emploi sans
l'appui de votre protection. Le malade a trop mal

Alexandre, et lequel des deux, de César ou d'Alexandre.

Locutions vicieuses.

passé la nuit, pour qu'il pût aller mieux ce matin.
Est-il possible que vous voulez être malade en dépit
des gens * ! L'expérience est la seule école où les
insensés puissent s'instruire **. Pour éviter les surprises, les conditions se faisaient devant témoins.
Le temps est trop précieux pour le perdre au jeu.
La pluie est tombée six jours sans discontinuer ***.
Ce ne seront ni ma sœur ni la tienne qui seront
nommées gouvernantes chez la princesse. Ni l'une
ni l'autre ne prétendent à cette place conséquente.
Après la cérémonie, tout le monde se retirèrent,
chacun chez lui. Le cheval sur qui j'ai monté, prend
le mords à ses dents. Quoi! Monsieur, vous allez
en cour, et vous n'avez pas fait la barbe!

19ᵉ COMPOSITION.

De toutes les choses entreprises par Bonaparte,
celle qui lui coûta la plus, fut son concordat ****.
C'est donc les dieux, et non la mer qu'il faut craindre *****. Je ne l'aimerais pas, si je ne croyais l'être.
Si ce n'est eux, quels hommes eussent osé entre-

* Il y a doute, d'où le subjonctif.

** Affirmation positive, d'où l'indicatif.

*** *Tomber* peut prendre avoir, lorsqu'on veut marquer

**** Suivant quelques grammairiens, *celui, celle,* au
d'autres ce n'en est pas une.

***** Lorsque le substantif pluriel est suivi d'un *que,* et
s'accorder avec *ce.* Alors on fait ainsi la construction di-

Corrigé.

passé la nuit pour qu'il puisse aller mieux ce matin. Est-il possible que vous vouliez être malade en dépit des gens? L'expérience est la seule école où les insensés peuvent s'instruire. Pour éviter les surprises, on faisait les conditions devant témoins. Le temps est trop précieux pour que nous le perdions au jeu. La pluie a tombé pendant six jours sans discontinuer. Ce ne sera ni ma sœur ni la tienne qui sera nommée gouvernante chez la princesse ; ni l'une ni l'autre ne prétendent à cette place importante. Après la cérémonie, tout le monde se retira, chacun chez soi. Le cheval sur lequel je suis monté prend le mords aux dents. Quoi, Monsieur ! vous allez à la cour, et vous n'avez pas fait votre barbe.

19ᵉ COMPOSITION.

De toutes les choses entreprises par Bonaparte, celle qui lui coûta le plus, fut son concordat. C'est donc les dieux et non la mer qu'il faut craindre. Je ne l'aimerais pas, si je ne croyais en être aimé. Si ce n'est eux, quels hommes eussent osé entreprendre

la durée d'une action.

singulier, après un nom pluriel est une faute; suivant

non d'un *qui* relatif, le verbe peut rester au singulier, et recte : *ce qu'il faut craindre est ceci*, savoir : *les dieux*.

Locutions vicieuses.

prendre une pareille chose* ? Quand donc cet insolent cessera-t-il de me fixer avec les grands yeux? Si le maître ne peut se présenter ici, pourrez-vous lui suppléer** ? Il y a six jours que cet homme ne parle et ne bouge : plus on lui témoigne de l'affection et moins il est traitable. Bien des gens aiment à flatter pour l'être à leur tour. Soutiendrez-vous un faix sous qui Rome est succombée ? J'ai acheté une petite boîte pour votre sœur qui est de paille dorée. Deux Messieurs ont promené ici tous les deux, bras dessus, bras dessous. Je n'aime pas entendre parler mal de qui que ce soit. Eclairez à Monsieur qui monte***. Je déjeûnai ce matin avec une excellente volaille chez le vice-président****.

20ᵉ COMPOSITION.

Le plaisir de la médisance est celui d'un cœur rouillé ou d'un grand coupable. Madame doit dissimuler son ressentiment, du reste, elle est maîtresse de sa conduite. Son mari est capricieux, au reste, fort honnête homme. C'était vous seuls, Messieurs, qui se croyaient dispensés de suivre les règles qui ont été établies pour tous. Lisez Cicéron; oh! que c'est éloquent! Priez ces Messieurs de retourner, chacun chez eux. Si ma table est trop petite, je lui ferai mettre une allonge. Il en est de la parole comme de la flèche ; une fois lancée, vous ne voyez pas celle-

* Après cette locution *si ce n'est*, signifiant *excepté*, le
** On ne dit pas : *suppléer à quelqu'un*, quoique l'on
*** On ne dit plus *éclairer à quelqu'un*.
**** *Déjeûner* demande *avec* devant les noms de per-

Corrigé.

une pareille chose? Quand donc cet insolent cessera-t-il de me regarder fixement avec ses grands
yeux? Si le maître ne peut se présenter ici, pourrez-vous le suppléer? Il y a six jours que cet homme
ne parle ni ne bouge : plus on lui témoigne de l'affection, moins il est traitable. Bien des gens aiment
à flatter, afin qu'à leur tour ils soient flattés. Soutiendrez-vous un faix sous lequel Rome a succom-
bé? J'ai acheté pour votre sœur une petite boîte
qui est de paille dorée. Deux Messieurs se sont pro-
menés ici, touts deux, bras dessus, bras dessous.
Je n'aime pas à entendre mal parler de qui que ce
soit. Eclairez Monsieur qui monte. J'ai déjeûné ce
matin d'une excellente volaille chez le vice-président.

20ᵉ COMPOSITION.

Le plaisir de la médisance est le plaisir d'un cœur
rouillé ou d'un grand coupable. Madame doit dissimuler son ressentiment; au reste, elle est maîtresse
de sa conduite. Son mari est capricieux, du reste,
fort honnête homme. C'était vous seuls, Messieurs,
qui vous croyiez dispensés de suivre les règles qui
ont été établies pour touts. Lisez Cicéron; oh! qu'il
est éloquent! Priez ces Messieurs de retourner,
chacun chez soi. Si ma table est trop petite, j'y
ferai mettre une allonge. Il en est de la parole
comme de la flèche; une fois lancée, celle-ci ne re-

verbe *être* reste au singulier.
dise *suppléer à quelque chose.*

sonnes, et *de* devant les noms de choses.

Locutions vicieuses.

ci revenir à la corde de l'arc. La voix du phoque est plus expressive que les autres animaux. Savez-vous ce qu'est la mémoire? C'est l'étui de la science. Les deux marquis se sont présentés chez le ministre, chacun avec leurs gens. Ils revenaient, chacun de leur campagne. Qui pourrait se plaire parmi ce bruit, parmi cette foule de gens? L'aveugle, guidé par son chien, demande du pain pour lui et pour lui. Quel homme est tout prêt de dire du mal de vous? celui qui vous dit des autres.

Corrigé.

vient pas à la corde de l'arc. La voix du phoque
est plus expressive que celle des autres animaux.
Savez-vous ce que c'est que la mémoire? C'est l'é-
tui de la science. Les deux marquis se sont présentés chez le ministre, chacun avec ses gens. Ils revenaient chacun de leur campagne. Qui pourrait se
plaire dans ce bruit, parmi cette foule de gens?
Guidé par son chien, l'aveugle demande du pain
pour soi et pour lui. Quel homme est tout prêt à
dire du mal de vous? Celui qui vous en dit des
autres.

ARTICLE 3.

Matières d'analyses simples.

Avant d'analyser une phrase, les élèves doivent en faire la construction directe et pleine, c'est-à-dire donner sa place à chaque mot suivant l'ordre des rapports, en exprimant les termes sous-entendus.

Matières d'analyses à dicter aux élèves.

Construction qui ne sera pas dictée.

1re *Composit.* C'est de vos discussions que nous nous entretenons, Messieurs les grippe-sou.

1º *Ce*, cette chose est vraie ; savoir que nous nous entretenons de vos discussions, Messieurs les grippe-sou.

2e *Comp.* Que les trois cents Spartiates se soient immortalisés, c'est, dites-vous, un fait qu'il vous importe peu de lire.

2º Supposons que les trois cents Spartiates se soient immortalisés, cela, dites-vous, est un fait que *il* ceci (savoir, lire lequel fait vous importe peu).

3e *Comp.* Qui ne sait qu'à Londres plus d'un fripon se dupent l'un l'autre ?

3º Dites-moi quel est l'homme qui ne sait que plus d'un fripon se dupent à Londres ? l'un dupe l'autre.

4º *Comp.* Qu'ils s'en aillent loin d'ici, faux Molières qu'ils sont.

4º J'ordonne ou je veux qu'ils aillent du lieu où ils sont, loin d'ici : je soutiens qu'ils sont de faux Molières.

5e *Comp.* C'est des contraires que résulte l'harmonie ; ne le saviez-vous pas ?

5º *Ceci* ou cette chose est vraie, savoir que l'harmonie résulte des contraires ; ne saviez-vous pas *cela ; que l'harmonie résultait des contraires ?*

6ᵉ *Comp.* Que dures seraient les oreilles qui ne seraient pas sensibles à de si touchants accords !

6º J'assure que les oreilles qui ne seraient pas sensibles aux sons harmonieux, résultants d'accords si touchants, seraient dures *beaucoup* (pour *que*).

7ᵉ *Comp.* Il en est de la parole comme de la flèche ; une fois lancée, celle-ci ne revient plus à la corde de l'arc.

7º *Il* (ceci) est de ce que je vais dire de la parole, comme de ce que je vais dire de la flèche ; une fois lancée, celle-ci ne revient plus à la corde de l'arc.

8ᵉ *Comp.* Le sanglier est un des animaux qui ont la peau le plus dure.

8º Le sanglier est un des animaux qui ont la peau dure le plus (comparaison entre les degrés, d'où *le*).

9ᵉ *Comp.* On en vint aux mains, mais, hélas ! on n'en pouvait plus.

9º Delà où l'on était aux paroles, aux injures, on vint aux mains ; mais, hélas ! on ne pouvait plus se battre à cause de cela (en), de la fatigue.

10ᵉ *Comp.* De par le Roi, votre père ou votre oncle sortira du royaume.

10º Votre père ou votre oncle sortira du royaume, en exécution d'un ordre donné par le Roi.

11ᵉ *Comp.* Voilà des enfants tout dissipés, donnez-leur-moi sur les oreilles.

11º Voilà des enfants tout dissipés ; donnez-leur sur les oreilles ; c'est moi qui vous le conseille.

12ᵉ *Comp.* Il est une remarque que ces hommes-là ne se sont pas avisés de faire.

12º *Il* ceci, une remarque) est que ces hommes-là ne se sont pas avisés de faire.

13ᵉ *Comp.* De bonne foi, Madame, n'avez-

13º Avouez de bonne foi, Madame, n'avez-vous pas

vous pas été effrayée à la vue de cet étranger ?

été effrayée à la vue de cet étranger?

14e *Comp.* Tiens, mon ami, prends-moi le bon parti; demeure en deçà de la rivière.

14° Tiens, mon ami, prends le bon parti; *c'est moi qui te le conseille;* demeure en un lieu situé deçà le lit de la rivière.

15e *Comp.* Quelque bons poètes que soient Delille et Boileau, il leur échappe par fois quelques fautes.

16e *Comp.* Le peu de succès que vous aviez obtenu, provenait du défaut de zèle.

17e *Comp.* A deux milles de ces corps-de-garde, on aperçoit deux phares, hauts de deux cents pieds.

18e *Comp.* Ces chiens-loups qui se sont battus, ont les oreilles tout écorchées, toutes déchirées.

19e *Comp.* Une bataille navale s'est livrée à deux milles de ce port, l'an seize cent de notre ère.

20e *Comp.* Qu'on est heureux en ménage, quand on est unis; rien de plus vrai, mes amis.

21° *Comp.* J'ai payé les cent francs que m'ont coûté les cents d'œufs * que j'ai achetés.

22e *Comp.* Des flots de barbares, roulant les uns sur les autres, étendaient chaque jour leurs terribles ravages.

23e *Comp.* Je ne suis pas le premier qui ai prouvé que le sang circule dans les veines.

24e *Comp.* Le peu de vivres qu'on avait conservés, avait sauvé l'équipage.

25e *Comp.* C'est moi seul qui ai montré ce courage, cette valeur qui para toujours une belle âme, née pour les grandes actions.

26e *Comp.* A la page deux cent quatre-vingt de

---

* Il s'agit ici de plusieurs cents, d'où le plur.

mon histoire, se trouve un beau morceau, concernant l'hôpital des quinze-vingts.

27e *Comp.* Chassez-moi ces rouges-gorges et ces oiseaux-mouches qui nous ont tant incommodés.

28e *Comp.* On a dit des vaisseaux que c'étaient des maisons roulantes : la charmante comparaison !

29e *Comp.* Quelques rusés fouille-au-pot que nous avions vus, et dont nous nous étions défiés, rôdaient autour de ces hautes-futaies.

ARTICLE 4.

Matières d'analyses logiques.

Les exemples de la première colonne, précédés des lettres alphabétiques, seront dictés comme matières de compositions. Ceux de la seconde colonne regardent les maîtres, et ne seront pas dictés. Les chiffres qui les précèdent, renvoient aux mêmes chiffres qui sont au bas de la page où l'on détermine les différentes espèces de propositions. Les lettres qui sont placées au-dessus des mots, indiquent les sujets, les attributs et les compléments. *s* marque les sujets, *a* les attributs, *c* les compléments.

Matières de compositions.	Construction directe et pleine.
A - Dieu existe : tous les peuples reconnaissent son existence.	**A - 1** Dieu $\overset{s}{\text{existe}}$: 2 $\overset{c}{\text{tous}}$ les $\overset{s}{\text{peuples}}$ reconnaissent $\overset{c}{\text{son}}$ $\overset{c}{\text{existence}}$.
B - Tandis que Sabinus et son épouse furent puissants et riches, ils eurent beaucoup d'amis.	**B - 3** $\overset{\text{1er s}}{\text{Sabinus}}$ et son $\overset{\text{2d s}}{\text{épouse}}$ $\overset{a}{\text{eurent}}$ $\overset{c}{\text{beaucoup}}$ d'amis, 4 tandis $\overset{s}{\text{qu'ils}}$ furent $\overset{\text{1r a}}{\text{puissants}}$ et $\overset{\text{2d a}}{\text{riches}}$.
C - Puisque Darius, roi de Perse, et Alexandre, roi de Macédoine, n'ont pas toujours été heureux, qui peut se flatter de l'être ?	**C - 5** $\overset{s}{\text{Qui}}$ $\overset{a}{\text{peut}}$ se $\overset{c}{\text{flat-}}$ter d'être toujours heureux, 6 puisque $\overset{\text{1r s}}{\text{Darius}}$, roi de $\overset{c}{\text{Perse}}$, et $\overset{c}{\text{Alexan-}}$dre, roi de $\overset{c}{\text{Macédoine}}$,

A - 1 prop. princ. absol. — 2 prop. princ. relat.
B - 3 prop. princ. — 4 prop. subord.
C - 5 prop. princ. — 6 prop. subord.

| Matières de compositions. | Construction directe et pleine. |

[c] n'ont pas été toujours
[c] cela (heureux)?

D - A la bataille qui fut livrée à Cannes, furent vaincus les Romains par les Carthaginois dont le général et les soldats étaient braves et expérimentés.

D - 7 Les Romains [s] fu-rent vaincus [a] à la bataille [c] 8 qui [s] fut livrée [a] à Cannes [c] par les Carthaginois [c] 9 dont le général [c] et les sol-dats [1r s] étaient [1r a] braves et [2d a] expérimentés.

E - On dit, et sans hor-reur je ne puis le redire, qu'aujourd'hui par votre ordre, Iphigénie expire.

E - 10 On dit [s] 11 [a] qu'I-phigénie expire [a] aujour-d'hui [c] par votre ordre [c], 12 et je ne [s] puis [a] redire [c] cela [c] sans horreur [c].

F - Qu'avez-vous à me dire, mon ami? Parlez, si vous l'osez. — Hélas! non, Monsieur.

F - 13 Vous [s], dites-moi [a], mon ami [c], 14 quelle [c] chose [c] vous [s] avez [a] à me [c]

D - 7 propos. princ. --- 8 prop. incid. explic. --- 9 prop. incid. explic.

E - 10 prop. princ. -- 11 prop. inc. détefm. -- 12 prop. princ. relat.

F - 13 prop. princ. abs. -- 14 propos. incid. détefmin.

Matières de compositions.

G - Si je ne puis contempler le Créateur, j'essaierai de le connaître par ses œuvres.

H - Que me parlez-vous d'Arsène? c'est un ignorant. — Ignorant, soit; mais du moins il n'est pas un ingrat.

Construction directe et pleine.

dire ? 15 vous, parlez. 16 Si vous osez parler. 17 Je suis confus, Monsieur; 18 je n'ose pas parler de cela.

G - 19 J'essaierai de connaître le Créateur par ses œuvres, 20 si je ne puis contempler lui.

H - 21 Vous, dites pour quelle raison 22 vous parlez à moi d'Arsène? 23 Ce (Arsène) est un ignorant. —24 Nous, supposons que 25 il soit un ignorant; 26 mais il n'est pas du moins un ingrat.

15 prop. princ. relat.—16 prop. subord.—17 prop. princ. ab..—18 prop. princ. relat.

G - 19 prop. princ.—20 prop. subord.

H - 21 prop. princ. abs.—22 prop. incid. déterm.—23 prop. princ. relat.—24 prop. princ.—25 propos. incid. déterm.—26 prop. princ. relat.

Matières de compositions.

Construction directe et pleine.

I - Fi de vos promes-ses, mon ami; vous êtes un paresseux et un four-be. — Paresseux, oui, mais fourbe, non.

K - Que l'homme ne sait guère ce qu'il de-mande !

L - On dit que sur les bords du Granique et dans les plaines d'Arbel-les, fut vaincu Darius, roi de Perse, qui com-mandait une nombreuse armée.

I - 27 Je rejette vos promesses, 28 vous êtes un paresseux et un four-be.—29 Je suis un pares-seux, 30 mais je ne suis pas un fourbe.

K - 31 Je dis que 32 l'homme ne sait guère 33 ce que (la chose que) il demande !

L -34 L'on dit que 35 Darius, roi de Perse, fut vaincu sur les bords du Granique et dans les plaines d'Arbelles, 36 qui commandait une ar-mée nombreuse.

I - 27 prop. princ. absolue. -- 28 prop. princ. relat. --- 29 prop. princ. abs. --- 30 prop. princ. rel.

K - 31 prop. princ. --- 32 prop. incid. dét. -- 33 prop. incid. déterm.

L - 34 prop. princ. -- 35 prop. incid. déterm. -- 36 prop. incid. explic. modifie *Darius, roi de Perse.*

Matières de compositions. Construction directe et pleine.

M - Qui ne sait qu'à Londres les fripons se dupent?

M - 37 Vous, dites quel est l'homme 38 qui ne sait pas que 39 les fripons se dupent à Londres?

N - Déjà des assassins la nombreuse cohorte, du salon qui l'enferme, allait briser la porte.

N - 40 La cohorte nombreuse des assassins, allait déjà briser la porte du salon 41 qui l'enferme.

O - Pendant que ces pensées sinistres roulaient dans notre esprit, et nous accablaient, nous nous enfonçâmes, mon père et moi, dans une sombre forêt où nous aperçûmes tout à coup, un vieillard qui tenait un livre dans sa main.

O - 42 Mon père et moi, nous nous enfonçâmes dans une sombre forêt 43 où nous aperçûmes un vieillard 44 qui tenait un livre dans sa main, 45 pendant que ces pensées sinistres roulaient dans notre esprit, et nous accablaient.

M - 37 prop. princ. -- 38 prop. incid. déterm. -- 39 prop. incid. déterm.

N - 40 prop. princip. --- 41 prop. incid. explic.

O - 42 prop. princ. --- 43 prop. inc. explic. --- 44 prop. incid. explic. --- 45 prop. subord.

Matières de compositions.

P. - Surtout qu'en vos écrits, la langue revérée, dans vos plus grands excès vous soit toujours sacrée.

Q Dès que cet homme se fut aperçu que dans ce mélange de sectes qui n'avaient plus de règles certaines, le plaisir de dogmatiser, sans être repris, était le charme qui possédait les esprits, il sut si bien les concilier par-là, qu'il fit un corps redoutable de cet assemblage monstrueux.

Construction directe et pleine.

P - 46 Il faut que 47 la langue révérée surtout soit sacrée toujours en vos écrits, dans vos excès les plus grands.

Q - 48 Cet homme sut si bien concilier par-là ce mélange de sectes 49, qu'il fit un corps redoutable de cet assemblage monstrueux, 50 dès qu'il se fut aperçu 51 que le plaisir de dogmatiser, sans être repris, était le charme 52 qui possédait les esprits, dans ce mélange de sectes 53 qui n'avaient plus de règles certaines.

P. - 46 prop. princ. --- 47 prop. incid. déterm.

Q. - 48 prop princ. --- 49 prop. incid. dét. --- 50 prop. subord. --- 51 prop. incid. déterm. --- 52 prop. incid. dét. -- 53 prop. incid. explic.

Matières de compositions.	Construction directe et pleine.
R - Quoi que je fasse, je ne gagne rien sur votre caractère ; désormais se charge de vous qui voudra.	R - 54 Je ne gagne rien sur votre caractère, 55 je désire que 56 celui-là se charge de vous, 57 qui voudra se charger de vous.
S - Si lorsque Catinai et son frère viendront vous demander de l'ouvrage, vous leur offrez la conduite de ces travaux, vous aurez lieu de vous en repentir ; je vous en avertis d'avance.	S - 58 Vous aurez lieu de vous repentir de cela (d'avoir offert la conduite de ces travaux à Catinai et à son frère), 59 si vous offrez la conduite de ces travaux à Catinai et à son frère, 60 lorsque Catinai et son frère viendront vous demander de l'ouvrage. 61 Je vous avertis de cela d'avance.

R - 54 prop. princ. abs. — 55 prop. princ. relat. — 56 prop. incid. déterm. — 57 prop. incid. déterm.

S - 58 prop. princ. — 59 prop. subord. — 60 prop. sub. — 61 prop. princ. relat.

ARTICLE 5.

Petites amplifications. [*]

1ʳᵉ COMPOSITION.

SOMMAIRE.

A quoi sert l'expérience, si l'on manque d'esprit.

Deux enfants, l'un sot, l'autre rusé, trouvèrent quelques noix... Partage à faire... Le rusé prend le dedans et le sot les coquilles... Embarras et surprise du sot..... Autre voyage..... Ils trouvent des olives... Le sot demande ce qui est dedans... Le rusé le lui cède... c'était le noyau... L'imbécille encore pris.

AMPLIFICATION.

A quoi sert l'expérience si l'on n'a pas d'esprit.

Deux enfants, l'un sot, l'autre rusé, trouvèrent quelques noix. Il s'agissait de les partager. Le plus rusé les casse, prend le dedans, et donne les coquilles à son camarade qui cherche en vain à savoir à quoi pouvait être bon ce qu'il tenait; il vit qu'il était dupe. — Mais il ne m'attrapera pas davantage, se dit-il, et je saurai me venger comme il faut de ce tour, si l'occasion se présente. Quelques jours après, se promenant encore ensemble, le rusé et lui, ils trouvèrent des olives. Celui qui avait été trompé, croyant rendre la pareille, dit à l'autre : donne-moi ce qui est dedans,

---

* Pour exercices journaliers, dicter aux élèves des sommaires des *Soirées du Petit Pensionnat,* ouvrage où se trouvent des traits curieux et divertissants.

et garde le dessus pour toi. — Son camarade très-content de ce partage, obéit avec joie, prend les molles enveloppes, manger délicat, et remet fidèlement les durs noyaux à l'imbécille.

2e COMPOSITION.

SOMMAIRE.

Le chien qui tourne la broche.

Il y a des villes où l'on emploie les chiens à tourner la broche... Difficulté d'en faire travailler un quand son tour n'est pas venu... Fait arrivé au collége de La Flèche, du temps des Jésuites... Le chien qui doit tourner, absent... Un cuisinier veut mettre un autre à sa place... Impossible... Le chien le mord... il s'enfuit... Il va chercher l'autre... Il l'oblige à venir tourner... Il le poursuit à coups de dents... Il le ramène jusqu'à la cuisine à la roue de sa broche.

AMPLIFICATION.

Le chien qui tourne la broche.

Il y a des villes où l'on emploie les chiens à tourner la broche. Lorsque plusieurs chiens sont occupés à ce ministère à leur tour, il est difficile d'en faire travailler un, quand son tour n'est pas venu. Voici un fait arrivé au collége de La Flèche, du temps que les Jésuites tenaient ce collége. Le cuisinier ayant un jour garni ses broches pour faire cuire le souper, ne trouva point dans la cuisine le chien qui devait tourner ce jour-là; il le chercha et l'appela en vain de tous côtés, tandis qu'un de ses camarades qui n'était point de service, se tenait étendu nonchalamment devant le feu. Au défaut du premier, le maître voulut faire tourner celui qui se trouvait sous sa main. Il essaya de le prendre pour le mettre dans la roue, mais il en fut très-mal accueilli, et après quelques grognements, il en fut fortement mordu, et ensuite le chien prit la fuite. L'homme resta fort étonné de ce mauvais traitement de la part d'un animal fort doux, et qu'il aimait beaucoup. La plaie était profonde, saignante, et méritait qu'on y mît un appareil. Tandis qu'il était occupé de ces objets, il entend des aboiements réitérés : c'était le chien qui venait de s'enfuir, qui poursuivait à coups de dents le délinquant, et le ramenait à son devoir. Il était allé le chercher dans le parc, et l'ayant trouvé, il le pourchassait devant lui, en le conduisant à la cuisine, où il ne se fit pas prier pour monter dans la roue.

3ᵉ COMPOSITION.

SOMMAIRE.

Si je suis affligé, ce n'est pas pour des prunes.

Le docteur Martin Grandin reçoit un présent de quelques boîtes de prunes... Il les place dans son armoire... Ses élèves ont vent de cette friandise... Ravages qu'ils y font... Le docteur en colère... Il menace de les chasser... Il est désarmé par ces mots d'un élève : On dira que c'est pour des prunes.

AMPLIFICATION.

Si je suis affligé, ce n'est pas pour des prunes.

Un écrivain cite l'histoire suivante, à l'appui de cette expression proverbiale. Le docteur Martin

Grandin, doyen de la Sorbonne, avait reçu en présent quelques boîtes d'excellentes prunes de Gênes, qu'il serra dans son cabinet. Un jour qu'il avait laissé par mégarde la clef à sa porte, des écoliers, ses pensionnaires, entrèrent dans le cabinet, et firent main basse sur une demi-douzaine de ces boîtes qui restaient. Le docteur fit grand bruit, et aurait chassé les espiègles, si l'un d'eux, se jetant à ses genoux, ne lui eût dit : Eh! Monsieur, si vous nous traitez de la sorte, voyez la conséquence ; *on dira que vous nous avez chassés pour des prunes.* Cette espièglerie spirituelle désarma le docteur.

4ᵉ COMPOSITION.

SOMMAIRE.

Antoine à la pêche... Cléopâtre l'accompagne... il prend peu de poissons... Sa ruse... ses plongeurs attachent des poissons à ses hameçons... Surprise de Cléopâtre... la supercherie est découverte... Ses plongeurs attachent des poissons cuits aux hameçons d'Antoine... Confusion de ce dernier... Cléopâtre le plaisante...

AMPLIFICATION.

Antoine s'amusait un jour à pêcher avec Cléopâtre; mais comme il était moins adroit que la reine à prendre des poissons, il ordonna à des hommes de plonger, et d'attacher à ses hameçons les poissons qu'ils auraient pris auparavant. C'est pourquoi il retirait sa ligne toujours chargée de poissons, et témoignait souvent sa joie, en disant qu'il en prendrait autant qu'il y en avait. Cléopâtre finit par s'apercevoir de la ruse, et après avoir loué les talents d'Antoine, elle invita tout le monde à un semblable amusement. Tout le monde s'y trouva, et Antoine, pressé de signaler son adresse, jeta sa ligne le premier, et la retira bientôt chargée de poissons ; mais quelle fut sa honte, lorsqu'il vit que ses poissons étaient tout cuits ! Chacun se mit à rire, et Antoine paraissait confus. Pour le consoler, Cléopâtre lui avoua qu'elle avait gagné les plongeurs, et lui dit : Laissez à nous autres Egyptiens les filets et les lignes, et continuez à vaincre les Rois, et à subjuguer les peuples.

5e COMPOSITION.

SOMMAIRE.

Poisson d'Avril.

François, duc de Lorraine, et son épouse, retenus prisonniers à Nancy... nul moyen de s'évader... stratagême inventé... ils se déguisent en paysans, le premier jour d'avril... la hotte sur le dos et chargés de fumier... ils sortent de la ville... une femme en avertit l'officier de garde... *poisson d'avril!* s'écria-t-il, *poisson d'avril!* s'écrie le commandant... recherche tardive.

AMPLIFICATION.

François, duc de Lorraine, et son épouse, retenus prisonniers à Nancy, et ne pouvant s'évader qu'à l'aide d'un stratagême, usèrent du suivant. Pensant que le premier d'avril serait un jour propre pour faciliter leur fuite, déguisés en paysans, la hotte sur le dos et chargés de fumier, touts deux franchissent, à la pointe du jour, les portes de la ville ; une femme les reconnaît, et court en prévenir un soldat de la garde : *Poisson d'avril!* s'écria ce vieux routier qui avait ce jour-là consulté son calendrier,

et tout le corps-de-garde de répéter : *poisson d'avril!*
à commencer par l'officier de poste. Le gouverneur,
un peu plus prudent ou moins confiant, tout en
disant *poisson d'avril* comme les autres, ordonne
néanmoins d'éclaircir le fait. Il n'était plus temps.
Pendant qu'on criait au poisson d'avril, les deux
prisonniers avaient gagné du chemin. Le premier
avril fut donc la cause de leur salut.

6e COMPOSITION.

SOMMAIRE.

- Un jeune rat, ennuyé de son trou... il va chercher fortune ailleurs... il grimpe partout.... son
entrée dans la chambre aux noix et au lard... surprise agréable... point de chats... une jolie maison
est là... (c'est une souricière...) le bon lard qu'elle
contient!... grands raisonnements du rat... il s'y
jette... *crac*... il est pris... un chat survient... la
souricière est ouverte... l'étourdi est croqué.

AMPLIFICATION.

Un jeune rat, grand raisonneur, s'ennuyant du
trou de son père, résolut d'aller chercher fortune
ailleurs, et de se loger agréablement. Il sortit sans
rien dire à personne, et dédaigna de prendre conseil; et le voilà qui trotte, qui grimpe d'appartement en appartement, tant qu'il trouve la chambre
aux noix et au lard. Quelle fortune ! Point de chats
pour le moment, et s'il en survient, un abri sûr
contre leurs griffes. Or cet abri sûr, ce rempart
inexpugnable où l'on trouvait le vivre et le couvert,
et où se rencontrait une jolie chambre grillée, crainte
d'accident, était une souricière. Je vous ai dit
que le petit étourdi était un raisonneur puissant.

Voici ce qu'il se dit à lui-même : Certes, cette maison charmante ne peut être là que pour moi ; elle est petite ; je ne suis pas gros ; il y a du lard appétissant, et j'ai faim ; donc c'est une hôtellerie pour les rats voyageurs : entrons ; que risqué-je? rien du tout, car si je peux entrer, je pourrai sortir ; par conséquent je n'ai rien à craindre, j'ai tout à gagner. Après ces deux beaux arguments, il saute légèrement, mord de suite à l'hameçon, et de suite *crac*, la planche tombe, et mon rat est prisonnier. L'homme au lard arriva suivi d'un gros matou. La maison de bois fut secouée d'un bras vigoureux, et notre ambitieux raisonneur, malgré ses *car*, malgré ses *donc*, fut croqué sans pitié.

7ᵉ COMPOSITION.

SOMMAIRE.

Téracius, habitant de Lyon, avait à peine dix écus... il achette un baril d'excellent vin pour le débiter... il y mêle de l'eau... ce manége se répète... il fait une grande somme... il va avec son argent à une foire... il s'arrête sous un arbre... il laisse là sa bourse et son bâton... il entre dans une auberge... un épervier prend la bourse pour un morceau de viande... il l'emporte... douleur de Téracius... la bourse tombe dans le Rhône.

AMPLIFICATION.

La tromperie et la prospérité n'ont pas coutume d'être compagnes. Téracius, habitant de Lyon, avait à peine dix écus pour tout bien ; il essaya néanmoins de faire un gain considérable avec ce petit fonds. Il acheta un baril d'excellent vin, y mêla beaucoup d'eau, et le vendit aux buveurs le plus qu'il put. Après ce premier baril, il en acheta plusieurs autres, et y mêlant toujours de l'eau, il se procura dans l'espace de quelques mois une centaine d'écus. Quand il se voit maître d'une pareille somme : il faut, dit-il, que j'aille à la première foire de vin ; il n'est pas douteux que je n'achette là mes vins à meilleur marché que dans cette ville ; je ferai donc un gain beaucoup plus considérable. Il part ; déjà il a fait la moitié du chemin, lorsqu'apercevant une auberge, dont il est à peine éloigné de vingt pas, il s'arrête sous un arbre, quitte là son bâton et sa bourse, et s'avance vers cette auberge pour acheter un pain. Dans ce moment-là précisément, voilà qu'un épervier vient se percher sur le même arbre ; il découvre la bourse qui était faite d'une peau rouge ; il la prend pour un morceau de viande, et l'enlève avec ses griffes. Téracius retourne assez vite, pour apercevoir encore le voleur ; mais que peut-il contre lui ? Il crie, sans que ses cris produisent rien ; il se détermine alors à le suivre, et quelque temps après, il voit (qui doute que ce ne soit avec une douleur inconcevable) il voit que cet oiseau de rapine, traversant le Rhône, laisse tomber ses écus dans l'eau, et que ce qui était provenu de l'eau, y retourne avec le prix du vin.

8ᵉ COMPOSITION.

SOMMAIRE.

Un chien bien avisé, dressé à faire des commissions... A certains signes de son maître il connaissait ce qu'il y avait à faire et partait.... Un jour *Gueule-Noire* (nom du chien) est envoyé chercher des petits-pâtés... en revenant il est attaqué par deux chiens... ils sautent sur lui... bataille... celui-ci est obligé de céder à la force... il ne peut sauver ses petits-pâtes... il se met alors à en manger du moins sa part.

AMPLIFICATION.

Un chien bien avisé qu'on appelait *Gueule-Noire*, était dressé à faire plusieurs commissions. Lorsque son maître voulait l'envoyer chez le traiteur, il faisait certains signes que le chien connaissait, et cet animal revenait gaiement avec ce que le traiteur lui avait mis à la gueule. Tout allait au mieux, lorsqu'un beau soir deux chiens du quartier, flattés par l'odeur des petits-pâtés que ce nouveau messager portait, s'avisèrent de l'attaquer. *Gueule-Noire* pose aussitôt son panier à terre, se met devant, et se bat courageusement contre le premier qui s'avance. Mais comment faire? lorsqu'il se collette avec l'un, l'autre court au panier, et avale des petits-pâtés. Il n'y en avait bientôt plus, et *Gueule-Noire* allait être la dupe de tout ceci. Que fait-il? Voyant qu'il n'est pas possible de sauver le dîner de son maître, il se jette dessus comme les deux champions, et sans marchander davantage, dépèce, le plus vite qu'il peut, le reste des petits-pâtés.

9e COMPOSITION.

SOMMAIRE.

M. Verdac, à Plaisance, ville d'Italie... il va loger dans une hôtellerie dont le maître venait de perdre sa mère. Un domestique est envoyé dans la chambre de la défunte, chercher quelques linges... il revient en criant qu'il a vu la défunte, coiffée dans son lit... le maître monte... c'est sa mère... Il s'effraie... Verdac et un ecclésiastique montent... frayeur de ce dernier... il parle à la défunte... point de réponse... il jette de l'eau bénite... une femme noire s'élance sur lui... ils se battent... la coiffe tombe... on voit un singe.

AMPLIFICATION.

Verdac, dans ses mémoires, raconte qu'étant à Plaisance, ville d'Italie, il alla loger dans une hôtellerie, dont le maître avait perdu sa mère la nuit précédente. Cet homme ayant envoyé un de ses domestiques chercher quelques linges dans la chambre de la défunte, celui-ci revint hors d'haleine, en criant qu'il avait vu sa dame, qu'elle était revenue et couchée dans son lit. Un autre valet fit l'intrépide, y alla et confirma la même chose. Le maître du logis voulut y aller à son tour, et se fit accompagner de sa servante. Un moment après, il descendit et cria à ceux qui étaient logés chez lui : Messieurs ! Oui, ma pauvre mère Etienne Hane, je l'ai vue ! mais je n'ai pas eu le courage de lui parler. Verdac prit un flambeau, et s'adressant à l'ecclésiastique qui était de sa compagnie : Allons, Monsieur. — Je le veux bien, reprit l'abbé, pourvu que vous passiez le premier. Toute la maison voulut être de la partie : on les suivit ; on entra dans la chambre ; on tira les rideaux du lit ; Verdac aperçut la figure d'une vieille femme noire et ridée, assez bien coiffée, et qui faisait des grimaces ridicules. On dit au maître d'approcher, pour voir si c'était sa mère. — Oui, c'est elle ! Ah ! ma pauvre mère ! Les valets crièrent de même que c'était leur maîtresse. Verdac dit alors à l'ecclésiastique : Vous êtes prêtre, Monsieur ; interrogez l'esprit. — Le prêtre s'avance, interroge la morte, et lui jette de l'eau bénite sur le visage. L'esprit se sentant mouillé, sauta sur la tête de l'abbé et le mordit : alors tout le monde s'enfuit. L'esprit et l'ecclésiastique se débattent ensemble ; la coiffure tombe et Verdac voit que c'est un singe. Ce singe ayant souvent vu sa maîtresse se coiffer d'une certaine manière, avait mis sa coiffure, et s'était ensuite couché sur le lit où elle se reposait ordinairement.

10ᵉ COMPOSITION.

SOMMAIRE.

Bien arrive à qui fait du bien. Un écolier se promène sur le rivage de Bayes... il aperçoit un dauphin... il lui jette des morceaux de pain... Cela se répète... le dauphin reconnaissant... il s'apprivoise... l'écolier monte à cheval sur lui... il est porté l'autre côté où il devait aller à l'école à Pouzzole... à son retour il retrouve le dauphin... il lui donne du pain... il est reporté l'autre côté... ce jeu dure deux ans... l'écolier meurt... douleur du dauphin... il meurt de regrets... il est enterré dans le tombeau de son ami, le petit écolier.

AMPLIFICATION.

Bien arrive à qui fait du bien. Un écolier se promenant un jour le long du rivage de Bayes, aperçut un dauphin assez près de terre ; il lui jeta quelques morceaux de pain ; le dauphin vint les manger. Et comme pendant quelques jours l'écolier fit la même chose, le dauphin conçut pour lui un amour extraordinaire. Toutes les fois que cet enfant l'appelait, il venait à lui ; il quittait le fond de l'eau, dès qu'il entendait sa voix, et venait prendre de sa main ce qu'il lui présentait à manger. Après un certain temps, le dauphin voulut prouver à l'écolier qu'il ne faisait pas du bien à un ingrat. Je ne sais si vous devineriez comment il s'y prit. Il lui présenta un jour son dos, baissant ses nageoires, de peur qu'il n'en fût incommodé et l'invita par cette posture à monter dessus. L'enfant accepta l'offre : il s'y assit ; aussitôt le dauphin le transporta en pleine mer ; il lui fit même faire quelques tours de promenade dans un nouveau goût, et le rapporta sur le rivage, dès qu'il témoigna être las de cette promenade. Vis-à-vis Bayes est situé Pouzzole, où l'enfant était obligé d'aller tous les jours pour étudier ; cela le fatiguait beaucoup, car le circuit était grand. Quand il fut assuré, par plusieurs expériences, de la fidélité de sa monture, et qu'il l'eut reconnue aussi obéissante à ses différents signes qu'un cheval peut être à la bride, il tenta de traverser, assis sur son dos, le bras de mer qui sépare Bayes de Pouzzole, et qui est large d'environ une lieue. Il y réussit ; bien plus, le dauphin fut si complaisant, qu'au lieu de quitter le voisinage de Pouzzole, et d'aller joindre ses semblables, après avoir mis à terre son cavalier, il attendit tranquillement qu'il fut de retour, et le rapporta à Bayes, sans que pendant l'un et l'autre voyage, il arrivât aucun accident fâcheux. Cette voiture parut si commode à l'écolier, qu'il s'en servit pendant tout le cours de ses études. Bien des personnes furent témoins de ce fait, qui se passa sous l'empire d'Auguste ; et Apion, lui-même, qui le rapporte, ne veut qu'on l'en croie que parce qu'il le vit de ses propres yeux. Quand l'écolier eut appris tout ce qu'on pouvait lui enseigner à Pouzzole, et qu'il comptait n'avoir presque plus besoin du dauphin pour y aller, il fut attaqué d'une violente maladie, et mourut. Cet accident fut fatal au dauphin : durant plusieurs jours il vint à l'ordinaire attendre son cavalier auprès du rivage ; mais comme il l'attendit en vain, il s'abandonna si fort à la douleur et à la tristesse, qu'il mourut aussi, et on l'enterra dans le même tombeau que l'écolier.

11e COMPOSITION.

Le Père Tanner, homme pieux et savant, allait de Prague à Inspruck, pour prendre l'air natal et tâcher de rétablir sa santé... il meurt en route. La justice se rend dans la maison où il est mort... petite boîte trouvée dans son bagage... ouverture de la boîte... on y voit un animal vivant... on le prend pour le *diable*... frayeur universelle... conjectures peu favorables sur la conduite du Père... tout le monde parle de cette aventure... Survient un philosophe... C'est un microscope, dit-il... Il explique le mystère d'optique... erreur et frayeur dissipées.

AMPLIFICATION.

Le Père Tanner, homme également pieux et savant, allait de Prague à Inspruck, pour prendre l'air natal et tâcher de rétablir sa santé. Le voyage acheva de la déranger, et il mourut en route dans un bourg ou village qu'on ne nomme pas. La justice du lieu se rendit aussitôt dans la maison où il mourut. En faisant l'inventaire de son bagage, on y trouva une petite boîte que sa structure extraordinaire fit d'abord regarder comme mystérieuse et suspecte; car elle était noire, et composée de bois et de verre. En regardant par le verre, on y vit un animal noir, énorme, épouvantable, avec des cornes menaçantes d'une longueur prodigieuse. On était saisi d'effroi, et on disait que celui qui portait cette boîte ne pouvait l'avoir qu'à mauvaise fin, et ne pouvait être qu'un sorcier, un magicien. Le bruit de cet événement diabolique ne tarda pas à se répandre; tout le bourg accourut à la maison; cha-

cun voulait regarder dans la boîte, et tous se di-
saient les uns aux autres, avec frayeur et étonnement : *Aujourd'hui, nous avons vu le diable.* Tandis
qu'on montrait la boîte au peuple, pour satisfaire
sa curiosité, le juge, de son côté, instrumentait. Il
condamna le mort à être privé de la sépulture ecclésiastique, et laissa un ordre au Curé de faire les
exorcismes de l'Eglise pour faire sortir le démon
de la boîte, et le chasser hors de tout le pays. La
sentence du juge ne s'étendait pas plus loin. Mais
les politiques du village poussaient leurs réflexions
bien au-delà. La magie du Père Tanner devait, se-
lon eux, être regardée comme commune à touts ses
confrères, et une sentence de proscription générale
aurait dû les renfermer touts, suivant cet oracle
de Virgile : *Crimine ab uno disce omnes.* Dans le
temps que tout le monde était occupé de cette mer-
veille, ou plutôt de ce scandale, que chacun en par-
lait à sa façon, et que les esprits étaient dans une
agitation et une fermentation inexprimables, voilà
qu'un philosophe prussien passa par ce village. On
ne manqua pas de le régaler de la nouvelle du jour;
mais, quand il entendit parler d'un *Jésuite sorcier,*
et d'un *diable,* renfermé dans une boîte, il se moqua
et de la nouvelle et des nouvellistes. Cependant
les notables de l'endroit étant venus le saluer, ils le
prièrent instamment de venir voir lui-même de ses
yeux les faits étonnants qu'il ne pouvait croire sur
leur rapport. Il ne put se dispenser de céder à leurs
instances. Mais, quand on lui montra la boîte magi-
que, il jeta un grand éclat de rire. Est-il possible,
s'écria-t-il, que dans ce pays-ci on ne connaisse pas
encore la nouvelle invention du microscope? *C'est
un microscope, vous dis-je, c'est un microscope!*
Mais on ne savait pas ce qu'il voulait dire ; ce terme
était aussi inconnu que la chose ; il commençait

même à devenir suspect à plusieurs, et on l'eût pris lui-même pour un sorcier, s'il ne se fût pressé de détruire le charme et de dissiper le prestige. Il prit donc la boîte, en ôta le couvercle, dans lequel la lentille était enchâssée, et ayant renversé la boîte, on en vit sortir un petit cerf-volant, qui se promena sur la table. Le philosophe expliqua alors le mystère d'optique, qu'il mit à la portée des spectateurs. Aussitôt une nouvelle admiration succéda à la première, et l'animal sur la table parut aussi risible qu'il avait paru épouvantable dans la boîte. Alors les soupçons se dissipèrent; le juge déchira sa sentence; la mémoire du Père fut rétablie, et chacun, en riant, s'en retourna dans sa maison.

12ᵉ COMPOSITION.

SOMMAIRE.

Touts les fous ne sont pas aux petites-maisons.

Une dame du haut parage s'imagine que, pour gagner à la loterie, elle doit faire tirer ses numéros par un fou... elle en demande un... elle l'entretient de son affaire... Le fou lui montre des numéros... il en fait un paquet... il les avale... Madame, dit-il alors, ils sortiront touts demain.

AMPLIFICATION.

Touts les fous ne sont pas aux petites-maisons.

Une dame du haut parage, qui avait le travers de jouer à la loterie, s'imagina que, pour y gagner, il fallait qu'elle fît tirer ses numéros par un fou : elle pria donc le supérieur de l'hôpital, dit *les petites-maisons*, de lui en confier un avec qui elle pût s'entretenir de son projet. Le fou venu, elle lui déclare l'objet pour lequel elle l'a fait venir, et l'engage à lui nommer trois numéros sur lesquels elle puisse faire sa mise avec confiance et espoir de succès. Le fou, prenant un air prophétique et grave, demande une plume et de l'encre, écrit distinctement les numéros qui lui viennent dans la tête, sur un morceau de papier qu'il présente avec assurance à la consultante. Lisez, Madame; étudiez bien ces numéros... Les savez-vous par cœur? Oui, Monsieur. Alors il en fait trois parts, les plie en petites boules, les avale; puis il ajoute : Madame, c'est demain le tirage; vous pourrez venir les prendre; je vous réponds qu'ils sortiront.

13e COMPOSITION.

SOMMAIRE.

Après un bon ami, un chien fidèle est le plus précieux des trésors.

Un homme avait un chien qui lui était très-attaché... Un soir cet homme, revenant d'un bal, rentre chez lui, la tête couverte d'un masque... le chien saute sur lui, et le mord à diverses reprises... le masque disparaît... le chien reconnaît son maître... il s'enfuit, hurle de douleur... il refuse toute nourriture... Le maître lui prodigue ses caresses... c'est en vain... il se laisse mourir de faim et de regrets.

AMPLIFICATION.

Après un bon ami, un chien fidèle est le plus précieux des trésors.

Un homme avait un chien qui lui était très-attaché. Ce chien gardait soigneusement sa maison et son or. Un soir, c'était en hiver, le maître, revenant du bal, rentre chez lui, portant un masque effrayant; le chien entend la porte s'ouvrir; il s'élance comme un éclair, prend l'homme masqué pour un voleur, et d'une dent meurtrière le déchire. Alors cet homme jette son masque; le chien reconnaît son bienfaiteur, qu'il a blessé sans le savoir. Pénétré de douleur, il s'enfuit, il hurle, il refuse tout aliment. En vain cet homme lui prodigue ses caresses, le flatte de la main, lui parle avec douceur; ces témoignages de bonté ne font qu'augmenter ses regrets; on essaie encore de lui faire prendre quelque nourriture; peine inutile! il meurt de regrets.

(On doit ce trait à un écrivain non suspect. Les ingrats pourront-ils le lire sans rougir?)

14e COMPOSITION.

SOMMAIRE.

Voyage de Joseph II en France, sous le nom de comte de Falkenstein... Son arrivée à une poste dégarnie de chevaux... Les chevaux de relais du maître de poste sont employés pour aller chercher un parrain pour un enfant qui vient de naître... L'étranger s'offre pour parrain... sa proposition acceptée... on se transporte à l'église... Le Curé demande au parrain son nom... Joseph... Le nom de famille?... Joseph II... Surprise... bonheur futur de l'enfant.

AMPLIFICATION.

Dans le premier voyage que Joseph II fit en France, sous le nom de comte de Falkenstein, il arriva à une poste, qui se trouvait, au moment de son apparition , dégarnie de chevaux. Le maître de poste pria l'étranger, qui lui était inconnu, d'avoir un peu de patience , avouant qu'il avait employé ses chevaux de relais pour aller chercher un parrain et quelques amis , invités à assister au baptême d'un enfant qui venait de naître. Le comte, en s'entretenant avec cet homme , lui trouva du bon sens et du patriotisme. Il s'offrit pour être parrain. Le maître de poste, étonné de la proposition , l'accepta cependant, et préféra l'étranger pour compère, à son cousin le fermier, auquel ce titre avait été destiné. On se transporte à l'église, on commence l'acte. Le Curé demande au parrain son nom. —Joseph. —Le nom de famille? —Comment? je croyais que celui de Joseph suffisait. —Non, Monsieur. —Eh bien! mettez Joseph second. — Le Curé et les assistants restèrent interdits. Le maître de poste tomba aux pieds du prince, qui le releva avec bonté, lui fit un don très-généreux , et promit de ne pas oublier son filleul.

15ᵉ COMPOSITION.

SOMMAIRE.

Une plaisanterie délicate n'est point à mépriser.

Un homme d'esprit à la table d'un riche... Les gros poissons placés trop loin de lui... Il approche les petits poissons de sa bouche , de ses oreilles... On lui en demande la raison... —Pour en savoir, dit-il, des nouvelles d'un de mes amis, parti pour les Indes... Trop jeunes encore, ils me conseillent de m'adresser aux gros poissons.

AMPLIFICATION.

Une plaisanterie délicate n'est point à mépriser, lors-
qu'elle vient à propos.

Il y avait à la table d'un riche un homme d'un
esprit fin, et du nombre de ceux qu'on appelle
ombres. Notre homme, dévorant des yeux les gros
poissons qu'il voyait à regret, placés trop loin de lui,
approche de sa bouche, puis de ses oreilles, les
petits poissons, les uns après les autres. La foule
des convives s'en étonne, et demande avec empres-
sement la cause de cette plaisante action. — Je
suis, répondit-il, tourmenté de la plus vive inquié-
tude sur le sort d'un de mes amis, qui depuis long-
temps parcourt les mers pour visiter l'extrémité
des Indes. Je m'informais si, par hasard, ils en
avaient quelque nouvelle; mais ils me répondent
qu'ils sont trop jeunes, et me disent d'interroger
les gros poissons. Chacun applaudit, et loua la
plaisanterie.

16e COMPOSITION.

SOMMAIRE.

Un officier, logé en garni, est seul un matin dans
son lit, livré à mille réflexions... La clef laissée à
la porte... il craint les voleurs... Un menuisier
monte avec un cercueil pour un mort de la maison... il se trompe de porte... il entre chez l'officier en disant : Voici une bonne redingote... Le
militaire le prend pour un voleur qui veut emporter
sa redingote... il se lève... Frayeur et fuite du menuisier... Chute du cercueil et de l'homme effrayé.

Un officier, logé en garni, étant seul un matin, dans son lit, en proie à mille réflexions, faute de pouvoir dormir, se mit à songer qu'il avait eu tort de laisser la clef à la porte de sa chambre, attendu qu'il serait facile de le voler, si le sommeil venait à s'emparer de ses sens. Au même instant, un menuisier montait lentement l'escalier, chargé d'un cercueil pour un homme qui venait de mourir dans la chambre voisine. Le menuisier, croyant entrer chez le mort, ouvre la porte de l'officier, et dit en entrant : Voici une bonne redingote pour l'hiver. Le militaire, que ses craintes rendaient attentif, ne doute point que l'on ne vienne le voler, et qu'on n'ait dessein de commencer par sa redingote qu'il avait laissée sur une chaise. Aussitôt il saute hors du lit, et se met à courir en chemise après le prétendu voleur. Le menuiser, voyant paraître un grand fantôme blanc, laisse tomber son cercueil, et lui-même se sauve à toutes jambes, persuadé qu'il a le mort à ses trousses.

17e COMPOSITION.

Frédéric II, roi de Prusse, sonna un jour... personne ne vint... il ouvre la porte... son page est endormi dans un fauteuil... un bout de billet sortait de sa poche... le Roi le prend et le lit... C'était une lettre de la mère du page, qui le remerciait de ce qu'il lui envoyait une partie de ses gages... Le Roi glisse un rouleau de pièces d'or dans la poche du page... Sa surprise quand il s'éveille... il croit qu'on veut le perdre... il se jette aux pieds du prince...

Le Roi le rassure, lui dit d'envoyer cet argent à sa mère... il ajoute qu'il aura soin de lui, s'il continue à être sage et vertueux.

AMPLIFICATION.

Frédéric II, roi de Prusse, sonna un jour, et personne ne vint. Il ouvrit sa porte, et trouva son page endormi dans un fauteuil. Il s'avança vers lui, et il allait le réveiller, lorsqu'il aperçut un bout de billet qui sortait de sa poche. Il fut curieux de savoir ce que c'était, le prit et le lut. C'était une lettre de la mère du jeune homme, qui le remerciait de ce qu'il lui envoyait une partie de ses gages pour la soulager dans sa misère. Elle finissait par lui dire que Dieu le bénirait pour la bonne conduite qu'il tenait envers elle. Le Roi, après avoir lu, entra doucement dans sa chambre, prit un rouleau de pièces d'or, et le glissa avec la lettre dans la poche du page. Rentré dans sa chambre, il sonna si fort que le page s'éveilla et entra. — Tu as bien dormi, lui dit le Roi. Le page voulut s'excuser. Dans son embarras, il mit par hasard la main dans sa poche, et sentit avec étonnement le rouleau; il le tire, pâlit et regarde le Roi en versant un torrent de larmes, sans pouvoir prononcer une seule parole. — Qu'est-ce? dit le Roi. — Ah! Sire, dit le jeune homme, en se précipitant à genoux, on veut me perdre. Je ne sais ce que c'est que cet argent que je trouve dans ma poche. — Mon ami, dit Frédéric, Dieu nous envoie souvent le bien pendant que nous dormons; envoie cela à ta mère, salue-la de ma part, et assure-la que j'aurai soin d'elle et de toi. La douleur du jeune homme se changea alors en transports d'allégresse, et il reconnut, par sa propre expérience, que rien ne contribue plus à rendre les enfants heureux, que les sacrifices qu'ils font pour adoucir les malheurs de ceux à qui ils doivent la vie.

18ᵉ COMPOSITION.

Le Singe et le Faucon.

Un Arabe a dressé un singe à faire sentinelle dans la cuisine... Un faucon aux aguets sur le sommet de la cheminée... Il aperçoit de la viande dans une marmite... Il mesure l'espace... Il fond sur l'objet de sa convoitise... La viande est enlevée... Le singe, persuadé que le faucon reviendra, se met lui-même dans la marmite... il ne laisse à découvert que ses fesses pelées... Le faucon, trompé, fond sur cette autre proie... Le singe, prompt à se détourner, lui tord le cou... le met dans la marmite.

Le Singe et le Faucon.

On trouve, dans le Traité de l'éducation des animaux, un fait assez plaisant d'un singe. Un Arabe en avait habitué un à faire sentinelle dans sa cuisine, pour empêcher que les faucons, qui, dans ce pays, sont nombreux, forts et hardis, ne vinssent lui dérober de la viande dont ils sont très-friands. Un jour donc que le singe montait la garde, un gros faucon, qui était aux aguets sur le sommet de la cheminée, aperçoit la viande que l'eau ne couvrait pas entièrement. Cette vue animant son courage, il se hasarda de faire la conquête du pot-au-feu, en dépit de son gardien redoutable. Il mesure l'espace, prend bien ses dimensions, et fond avec la rapidité de l'éclair sur l'objet de sa convoitise, qu'il enlève avec tant de prestesse, que le pauvre singe en fut tout étonné. Revenu de sa surprise, la crainte d'être châtié, et le désir de se venger, lui suggérèrent le tour suivant. Prévoyant que le faucon, après avoir remis sa proie en sûreté, reviendrait à la charge, il se hâta de jeter sur le feu l'eau qui restait dans la marmite, et se blottit dedans, avec le soin de ne montrer que ses fesses pelées, pour que le faucon les prenne pour un nouveau morceau de viande. Ce qu'il avait prévu arriva. Le faucon, enhardi par un premier succès, revient à la charge, et fond sur sa nouvelle proie. Mais notre singe, qu'il tenait déjà par les fesses, se retournant avec une rapidité extrême, le saisit fortement, lui tord le cou, le met à son tour dans la marmite, la remplit d'eau, et ranime le feu. Si ce fait est vrai, il faut convenir qu'un académicien n'aurait pas montré plus d'esprit ni plus d'adresse.

19e COMPOSITION.

SOMMAIRE.

Don Quichotte et le prétendu Revenant aux prises.

Don Quichotte armé de toutes pièces... Quel sera son adversaire?... Le soleil allait disparaître... — Regarde de ce côté-là, dit Don Quichotte à Sancho, son écuyer; vois-tu ce guerrier qui marche à ma gauche?... Don Quichotte descend de cheval... Le combat s'engage... Les coups pleuvent... Le fantôme frappe, avance, recule... Le jour le fait disparaître... Don Quichotte victorieux... Il demande à Sancho si l'ennemi est mort... Il ordonne de l'enterrer... Le fou!... c'était son ombre!

Le casque en tête, armé de sa cuirasse, de sa lance, et monté sur Rossinante, le héros de la Manche parcourait fièrement la vallée de Mantiel; Sancho, son fidèle écuyer, portait le bouclier de son maître. — Voyons un peu, direz-vous, quel est l'ennemi qui l'attend, et lui prépare de nouveaux lauriers? Sera-ce un moulin à vent, un Sarrasin, un muletier ou un empereur?... Le soleil avait déjà fourni les deux tiers de sa course journalière, avant que notre chevalier eût trouvé un péril digne de sa valeur, lorsque tout-à-coup il s'écria : — Mon cher Sancho, voici une aventure, ou je suis bien trompé. Regarde de ce côté-là; vois-tu ce guerrier qui marche à ma gauche, et qui semble régler l'allure de son cheval sur celle du mien? Il faut que ce soit l'âme de quelque chevalier mécréant qui revient des enfers pour se mesurer avec moi... Aussitôt il saute à bas de son cheval, pour reconnaître de plus près un ennemi si extraordinaire; mais le païen fut à terre aussitôt que lui. Il tire sa redoutable épée; l'esprit en fait autant. Il allonge des coups d'estoc et de taille, qui tombent *dru* comme grêle sur le corps de son adversaire; celui-ci les lui rend coup pour coup. Le combat s'échauffe et se prolonge; le fantôme recule quand il se sent pressé, et retourne à la charge, dès que le chevalier fait un pas en arrière, et veut reprendre haleine; il disparaît enfin avec le jour. La nuit termine le combat, et le vainqueur était déjà assis sur l'herbe pour se délasser, quand Sancho lui demande : — Seigneur, est-il bien mort? En ce cas, ajouta-t-il, ayez la bonté de m'aider; il faut enterrer le cadavre au plus vite.—Es-tu fou avec ton cadavre? répondit le chevalier, un peu confus de voir qu'il ne restait aucune trace de sa victoire. Ne comprends-tu pas que je me suis battu contre un revenant, et qu'une ombre ne peut avoir de corps? — Une ombre! répliqua l'écuyer; ah! bon! j'y suis, et je m'en doutais; vous vous êtes battu contre votre ombre.

20ᵉ COMPOSITION.

SOMMAIRE.

Homère, dans son temps, et plus tard M. Haguedorn, ont pris plaisir à peindre la fidélité du chien d'Ulysse. Ulysse est réduit à mendier son pain devant son palais... A peine les esclaves jettent-ils quelques regards sur lui. Ses courtisans se moquent de l'éloquence de ce malheureux... Son vieux chien, autrefois renommé pour sa vitesse à la chasse, aujourd'hui le jouet des valets, exilé de son chenil, et privé même d'un peu de paille... Il voit un mendiant à la porte... il s'approche de lui avec une oreille dressée... Ulysse le caresse... le chien le flaire, reconnaît son ancien maître et meurt.

AMPLIFICATION.

Les animaux, les chiens surtout, sont susceptibles des sentiments les plus affectueux et les plus tendres. Homère avait pris plaisir à peindre la fidélité du chien d'Ulysse M. Haguedorn, poète allemand, a retracé, ou plutôt a peint de nouveau ce tableau intéressant. Ulysse est réduit à mendier quelques restes devant son palais, où à peine les esclaves jettent sur lui quelques regards en passant; les fiers courtisans se moquent de l'éloquence de ce prince infortuné. Personne n'accorde à ses besoins la moindre parole consolante. Un vieux chien, qui, avec une vitesse égale à celle du cerf, traversait autrefois les bruyères, du nom duquel la vaste forêt retentissait quand touts les chasseurs criaient *Argus;* cet argus si ardent à poursuivre les bêtes fauves, qui connaissait mieux les parcs et les plaines que la maison; jadis le favori des jeunes courtisans passionnés pour la chasse, pour prix de ses longs et fidèles services, était congédié dans sa vieillesse, exilé de son chenil, privé d'un peu de paille, réduit à coucher en plein air, où chaque jour il était affaibli par quelque nouvelle infirmité; autrefois le plaisir de ses maîtres, maintenant le jouet des valets, il manque de force pour marcher; il fait un dernier effort pour se traîner sur les pas d'un pauvre mendiant, s'approche de lui, l'oreille dressée, le flaire, le flatte de la langue et de la queue, et, lorsque l'étranger, les yeux mouillés de larmes, lui rend quelques caresses, et que son attachement lui vaut encore cette reconnaissance, il soupire, il crie, lève les yeux, reconnaît Ulysse et meurt.

SECONDE PARTIE.

EXERCICES SUR L'ORTHOGRAPHE ET MATIÈRES D'ANALYSE SIMPLES, POUR LES COMMENÇANTS.

ARTICLE 1er.

Exercices sur l'orthographe.

1re COMPOSITION.

Voyageur, tu trouveras sans peine un ami à la place de celui dont tu t'éloignes. Change souvent de demeure, car la douceur de la vie consiste dans la variété. Je ne connais rien sur la terre qui soit plus charmant que les voyages : abandonne donc le lieu qui t'a vu naître, et mets-toi en route. L'eau qui reste dans un étang se corrompt bientôt ; coule-t-elle sur un lit de sable, elle devient limpide et douce ; mais à peine s'arrête-t-elle qu'elle devient amère. Si le soleil demeurait constamment sur l'horizon, les peuples de la Perse et de l'Arabie se fatigueraient de sa clarté bienfaisante ; si le lion ne sortait point de la forêt, comment prendrait-il de la proie, et si la flèche ne s'éloignait pas de l'arc, comment atteindrait-elle le but ? La poudre d'or, abandonnée dans sa mine, n'est pas plus précieuse que de la paille ; et l'aloès, dans son sol natal, est regardé comme le bois le plus commun.

2e COMPOSITION.

Donnez matière à de bonnes histoires, et les bons historiens se trouveront. Que de châteaux et que de canaux s'offraient ici à nos regards! Les feux se sont éteints. Vos neveux ont formé des vœux. Que de hiboux il y avait dans cette vieille église! Que de clous dans cette porte! Les beaux yeux bleus de cet enfant s'affaiblissent de jour en jour. Une femme dirait : je ne suis point battante, de peur d'être battue. La meilleure de ces grosses poires ne valait pas deux pommes aigre-douces. Si vous voulez être estimée, ma fille, soyez bonne, naïve, franche, discrète, pieuse, bénigne, vraie, honnête, égale. La langue grecque et la langue turque ont-elles quelque analogie? Nous voyons dans cette salle et dans cette chambre, remplies de monde, des flatteurs complaisants, des personnes joyeuses, des amis vrais, des hommes fats, fastidieux, faux, hargneux, originaux; des pères et des mères inquiets, des enfants jumeaux. Les trois Horace combattaient pour Rome, et les trois Curiace pour Albe.

3e COMPOSITION.

Un homme qui disait avoir voyagé dans les quatre parties du monde, racontait qu'il avait vu un chou si grand, que cinquante cavaliers pouvaient être à l'abri du mauvais temps sous ses feuilles, et y faire à l'aise l'exercice. Un de ceux qui l'écoutaient, sans chercher à réfuter cette rêverie, se contenta de lui dire que lui aussi, dans un voyage au Japon, avait vu fabriquer une marmite aussi large et aussi profonde qu'une maison. Plaisanterie, répartit l'autre : pour quel usage un tel monstre de marmite? Apparemment, répliqua l'autre, c'était pour cuire votre chou.

4e COMPOSITION.

L'or et l'argent s'épuisent, mais la vertu ne s'épuise jamais. La ville et la citadelle se rendent à l'ennemi, qui néanmoins craint encore quelques piéges de la part des vaincus. L'air de Socrate, son visage, son extérieur n'était point d'un accusé. Son port majestueux, sa démarche hardie, le faisait remarquer. Il faut que cet homme vertueux et moi abandonnions la ville. Ni l'un ni l'autre n'aimaient les hâbleurs. Platon ou Sénèque aurait blâmé cette réponse impertinente. Les yeux de ces vieux guerriers avaient perdu ce feu, cette vivacité qui les animait autrefois. Néron et Domitien, princes cruels, impies et malfaisants, étaient détestés de tout le monde. Eugène et Léon sont allés à Londres : vas-y toi-même ; achettes-y du drap fin et apportes-en nous quatre-vingts aunes. Vendez vos chevaux fougueux et achetez les nôtres. Vous avez à faire à des juges impartiaux : vous pouvez les voir, leur parler ou leur écrire.

5e COMPOSITION.

Un homme d'esprit, mais irréfléchi, avait une manie singulière ; il trouvait que le nez était une chose bizarre et ridicule, et que cet appendice de la figure humaine, auquel on a souvent donné la mesure d'un demi-pied, n'était tout au plus propre qu'à loger du tabac ; mais se reprenant ensuite par une boutade de réflexion, il disait : mais oui, au fait, quand j'y pense, ce n'est pas si bête que je le croyais. C'est là le portrait de bien des gens qui vivent comme des machines, sans réfléchir aux dons précieux de la nature, et aux bienfaits de la providence. Que d'hommes bizarres, capricieux, fantasques dans ce pauvre monde! Les bizarres ont des goûts singuliers; les capricieux, faute de règles, ne savent à quoi se fixer; les fantasques changent au gré de leur imagination.

6e COMPOSITION.

Les cieux sont habités par des âmes bénies de Dieu, qui toutes jouissent de la félicité éternelle. Nos corps sont mortels; nos âmes sont immortelles. L'innocence est comme une belle fleur qui répand au loin la plus douce et la plus agréable odeur. Les mauvaises compagnies détruisent les meilleures inclinations. Que reste-t-il des grandeurs humaines dans le séjour du tombeau? Les hommes vains et orgueilleux ressemblent aux épis de blé; ceux qui lèvent le plus leur tête altière ne sont pas les plus chargés. Jeanne d'Arc fut la vengeresse de la France. Les hauts chênes du Liban étendent au loin leurs larges branches. Ma vigne est chargée de grappes de raisin. Les corbeaux et les chats-huants, animaux nuisibles, ont causé bien du dégât dans ces lieux-là. Les livres bien écrits et les journaux impartiaux sont mes plus chères délices. Ces côteaux brûlés et ces champs pierreux ne produisent jamais rien. Que je voudrais avoir dans ma cage un couple d'oiseaux-mouches! Une tutrice trompeuse et un beau-père avare avaient ruiné ces arrière-neveux.

7e COMPOSITION.

Si je suis affligé, ce n'est pas pour des prunes.

Un écrivain cite l'histoire suivante à l'appui de cette expression proverbiale. Le docteur Martin Grandin doyen de la Sorbonne, avait reçu en présent quelques boîtes d'excellentes prunes de Gênes, qu'il serra dans son cabinet. Un jour qu'il avait laissé par mégarde la clef à la porte, des écoliers, ses pensionnaires, entrèrent dans le cabinet, et firent mainbasse sur une demi-douzaine de ces boîtes qui restaient. Le docteur fit grand bruit, et aurait chassé les espiègles, si l'un d'eux, se jetant à ses genoux, ne lui eût dit : Eh! Monsieur, si vous nous traitez de la sorte, voyez la conséquence ; on dira que vous nous avez chassés pour des prunes. Cette espièglerie spirituelle désarma le docteur.

8e COMPOSITION.

Les petits esprits sont blessés des petites choses. Que ces enfants gras et gros, ont la figure vermeille, riante, aimable, douce, les bras nerveux et les mains grasses! Je n'aime point les personnes rêveuses, indiscrètes, trompeuses, querelleuses. Une fumée noire, malsaine, épaisse, sortait de ce cratère. O conservatrice de l'univers, maternelle providence! c'est toi qui adoucis la férocité de la lionne et qui nourris ses lionceaux. Pavées de jolis petits cailloux blancs, les rues de cette ville, toute riante, tout agréable, ont charmé nos yeux. Les Arabes ont le visage et le corps brûlés par l'ardeur du soleil. Le jugement et la mémoire sont nécessaires à l'homme. César ou Pompée aspirait à la souveraine puissance. La Russie n'a pas produit des Cicérons, ni l'Espagne des Bossuets. Eloignez du prince cette foule de flatteurs, qui l'environne. Que d'*errata* dans ces ouvrages qu'on a voulu faire passer pour des chefs-d'œuvre! Que de porte-mouchettes et que de couvre-pieds dans cette chambre! Comment faut-il écrire des quolibets, des duos, des agenda, des verso, des forte-piano?

9ᵉ COMPOSITION.

Le Maréchal de Richelieu était trop esclave de la mode pour ne pas la suivre des premiers. Il était un jour occupé devant une glace à composer son visage pour en déguiser les rides et pour faire le jeune homme. Ses deux montres étaient étalées sur la cheminée. Un de ces hommes serviables dont il était toujours entouré, le félicite sur la beauté de ces bijoux. Comme il les tenait toutes deux, il craint qu'elles ne lui échappent. Ce qu'il craignait, arriva : l'une, par l'effet de la force centripète, gagne le parquet : il veut la tenir, et lâche l'autre, qui suit sans façon sa compagne. Honteux de sa gaucherie, il se confond en excuses : pourquoi vous désespérer, lui dit tranquillement le Maréchal ; je ne les ai jamais vues aller si bien ensemble. Une autre fois cependant, souvenez-vous du proverbe : *Qui trop embrasse, mal étreint.*

10ᵉ COMPOSITION.

Une pluie battante rend les chemins glissants. Peu de soldats avaient suffi pour établir l'ordre. La plupart de mes amis m'avaient abandonné. La multitude des spectateurs aurait été écrasée, si les murailles s'étaient écroulées. Une multitude de femmes avaient été saisies de frayeur. Deux cents boisseaux de blé n'auraient pas suffi pour charger ce bâtiment. Trois cent cinq soldats bretons s'étaient emparés de la citadelle. Saint Claude vécut quatre-vingt-dix-huit ans. Ma grand'mère et mes grand'tantes, qui se sont trouvées indisposées, sont sorties de l'église pendant la grand'messe. Il y avait dans cette maison deux garde-manger, et deux garde-meubles. Deux gardes-champêtres, et quatre gardes-chasse, se sont rencontrés dans ces forêts, remplies de hautes-futaies, se sont dit des injures et se sont même frappés. Quelques sous-fermiers des environs ont été témoins de cette rixe.

11° COMPOSITION.

Poisson d'avril.

François, duc de Lorraine, et son épouse, retenus prisonniers à Nancy, et ne pouvant s'évader qu'à l'aide d'un stratagème, usèrent du suivant : pensant que le premier d'avril serait un jour propice pour faciliter leur fuite, déguisés en paysans, la hotte sur le dos et chargés de fumier, tous deux franchissent, à la pointe du jour, les portes de la ville ; une femme les reconnaît, et court en prévenir un soldat de la garde ; poisson d'avril ! s'écrie ce vieux routier, qui avait, ce jour-là, consulté son calendrier ; et tout le corps-de-garde de répéter poisson d'avril ! à commencer par l'officier de poste. Le gouverneur, un peu plus prudent ou moins confiant, tout en disant poisson d'avril ! comme les autres, ordonne néanmoins d'éclaircir le fait. Il n'était plus temps. Pendant qu'on criait au poisson d'avril, les deux prisonniers avaient gagné du chemin. Le premier avril fut donc la cause de leur salut.

12° COMPOSITION.

Vu la décision du ministre, nous soussigné, maire de Lyon, ordonnons que les auberges soient éclairées toutes, depuis neuf heures et demie du soir jusqu'à cinq heures du matin. Ma feue mère portait toujours des habits bleus, les jours de fêtes exceptés. Passé cette époque ou cette époque passée, vos réclamations ne seront pas admises. Ne sortez pas nu-tête, ni pieds nus, vous pourriez vous en trouver mal. J'ai lu dans le dictionnaire géographique, page deux cent ou deux cent quatre-vingt, que la ville de Pékin est moins peuplée qu'on ne se l'était imaginé. Les hommes sensés mettent leurs devoirs au-dessus de leurs plaisirs. Ma sœur, dont j'ai exigé une réponse à la lettre que je lui ai écrite, ne m'a pas encore répondu. Conduisez au bercail ces agneaux qui sont revenus malades. Donnons aux pauvres la nourriture dont ils ont besoin, et nous serons estimés des gens de bien. La rivière d'Oise est plus large que je ne l'aurais cru.

13e COMPOSITION.

Hymne à la Sainte Vierge.

O Sainte Vierge ! ma bouche vous loue, et mon cœur vous bénit. Par vous une douce clarté a lui sur mon âme ; j'ai su et j'ai vu que c'est un grand bien d'aimer son Dieu ; j'ai trouvé qu'il est bon de porter le joug du Seigneur dès sa jeunesse. O sainte Marie ! quand vous régnez dans un cœur, les passions se taisent, et l'âme que vous visitez jouit de la paix. Venez, car je suis troublé. Venez, je vous invoque, vous adoucirez mes peines et vous rendrez dans ma demeure le bonheur et la vertu. O sainte Vierge, que je plains celui qui vous perd ! Je me souviens de mes larmes, lorsqu'un jour je me sentis privé de votre sourire maternel. Je criais vers vous, comme le petit de l'hirondelle, et mes yeux s'affaiblissaient à force de regarder en haut. Je disais dans mon affliction : pourquoi m'avez-vous abandonné ! mes pleurs coulèrent le soir et la joie me fût rendue le matin. O Marie ! ne vous éloignez plus de votre enfant.

14e COMPOSITION.

Quelles que soient la fortune et l'activité de cet homme, seul il ne pourra suffire aux frais qu'exige une telle entreprise. Quelque rusés que fussent les généraux carthaginois, les Romains ne donnaient pas dans les piéges qui leur étaient tendus par eux. Quelques forces qu'eût la république carthaginoise, elle fut vaincue par la république romaine. Quelques grands hommes qu'ait eus Rome, la France en a vu naître d'aussi grands. Tout aimables, tout polis que sont les Français, les Suisses ne le sont-ils pas autant ? Deux actrices, après s'être entendues siffler, restèrent tout interdites, toutes saisies, toutes honteuses. Dussé-je périr, j'essaierai de sauver ces petits enfants, tombés dans l'eau. Les chevaux que l'on avait menés paître sont rentrés ; faites leur donner de l'avoine. Nous sommes les deux marins qui ont échappé au naufrage. Nous sommes deux qui avons échappé aux dangers qu'avait courus tout le monde. C'étaient deux vaisseaux anglais qu'avait rencontrés l'escadre française.

15e COMPOSITION.

Qui s'étonnera des erreurs de l'antiquité, s'il considère qu'encore aujourd'hui bien des gens de beaucoup d'esprit, n'oseraient se trouver à une table de treize couverts ? Le premier président du parlement de Rouen, ne pouvant un jour se résoudre à se mettre à table pour ce motif frivole, il fallut condescendre à sa superstition et faire venir une autre personne, afin qu'on fût quatorze à table ; alors il soupa tranquillement; mais à peine fut-il sorti de table après le repas, qu'il fut attaqué d'apoplexie et mourut sur-le-champ. — Maudite cupidité des richesses, à quoi ne portes-tu pas les mortels? Un peintre d'un esprit original s'avisa de représenter le diable tout d'argent. Il mit au-dessous un homme qui le couchait en joue avec un fusil, au-dessus duquel était cette inscription : « Tout le monde vise à ce diable d'argent. »

16ᵉ COMPOSITION.

La détonation d'une arme à feu, le cri des animaux, le silence même, effraie ces enfants tout timides. Mon père ou mon frère vous servirait d'interprète. Ni l'amour ni la haine ne nous suivent dans le tombeau. Ni ma sœur ni la vôtre n'aurait été nommée factrice chez ce négociant. Pompée, de même que César, était ambitieux. Ni l'un ni l'autre ne voulaient de maître. L'un et l'autre ont eu une fin malheureuse. Ce n'étaient pas les Français qui avaient remporté la victoire à Leipzick; c'étaient les ennemis de la France. Ces bonnes gens avisés, pesant leurs marchandises, avant de les payer, ne sauraient être trompés. Vous êtes trop pesants, mes amis, pour trancher ainsi du petit-maître. Votre gloire s'est éclipsée. Trois mois se sont écoulés et notre espérance s'est évanouie. Quelque difficiles que vous aient paru ces questions, je pourrai bien les résoudre. Quelques conseils qu'on donnât à Pharnabaze, il les suivait tous. La cupidité ou la vengeance porte souvent au crime. Comment se plaire dans la société d'un homme qui a le malheur de parler toujours de lui-même? Jeunes élèves, n'imitez pas un tel homme; n'imitez pas non plus certaines personnes qui, sans s'en apercevoir, contractent l'habitude de répéter presque à tout propos, et sans sujet ou à contre-sens, certains mots, certaines phrases, comme : *c'est pour vous dire, ce n'est pas l'embarras, point du tout, par exemple, exactement, etc.*

17e COMPOSITION.

Le Drôle.

Un grand pénitencier, ayant confessé un paysan, lui donna pour pénitence de jeûner pendant un mois. C'est trop, Monsieur, lui répondit le villageois; je ne puis vous promettre de jeûner plus de huit jours. Il se leva du confessionnal, et s'en alla. Ayant fait quelques pas, il revint lui dire : Monsieur, voulez-vous encore huit jours. — Mon enfant, reprit le pénitencier, on ne marchande pas ici comme au marché, et il lui fit des remontrances. Eh ! bien, Monsieur, puisque vous le voulez, dit le rustique, je hausserai encore d'un jour; et enfin, ayant été sévèrement repris de son obstination, il s'engagea à jeûner un mois, mais à condition que ce serait pendant février, parce qu'il n'a que vingt-huit jours.

18e COMPOSITION.

Ni crainte ni respect ne retenaient Domitien. Les injustices qu'il a commises, ont déshonoré son règne. C'étaient les chrétiens qu'il persécutait. Les trois mois que j'ai voyagé, ont remis ma santé. Il a été préparé une chambre toute neuve, tout ornée, pour recevoir les vice-présidents. Apollon, indigné de ce que Jupiter, par ses foudres, troublait le ciel dans les plus beaux jours, voulut s'en venger sur les Cyclopes qui forgeaient les foudres, et les perça de ses flèches. Aussitôt le mont Etna cessa de vomir des tourbillons de flammes ; on n'entendit plus les coups des terribles marteaux, qui, frappant l'enclume, faisaient gémir les profondes cavernes de la terre, et les abîmes de la mer. Le fer et l'airain n'étant plus polis, commençaient à se rouiller. La pantomime est le premier langage de l'homme ; elle est connue de toutes les nations. Elle est si naturelle et si expressive que les enfants des blancs ne tardent pas à l'apprendre, dès qu'ils ont vu ceux des noirs s'y exercer.

19e COMPOSITION.

Thémistocle fut envoyé un jour à Andros, afin d'exiger des habitants une certaine contribution qu'il savait qu'ils ne paieraient pas, sans se faire beaucoup presser. Dès qu'il fut arrivé, il leur dit : Messieurs, pour ne pas vous laisser long-temps en suspens sur le sujet de mon voyage, je veux que vous sachiez que je viens recevoir de vous une somme à laquelle vous avez été condamnés. J'ai à ma suite deux Dieux, dont l'un s'appelle *Conseil*, et l'autre, *Ordre* ; voyez ce que vous avez à faire.—Monsieur, lui répondirent-ils, si vous avez à votre suite les Dieux dont vous parlez, permettez-nous de vous dire que nous avons aussi deux Déesses, savoir l'*Indigence* et l'*Impossibilité*, qui, l'une et l'autre, nous défendent de vous donner la somme que vous nous demandez.

20e COMPOSITION.

Les personnes dédaigneuses, hautaines, malignes et querelleuses ne sont pas estimées. Ces petits enfants ingénus, francs, naïfs et doux, demandent à porter aujourd'hui leurs beaux habits bleus ; ils veulent aller voir les vaisseaux qui viennent d'arriver au port. Dans la mer il est des biens sans nombre, mais si vous cherchez la sûreté, elle est sur le rivage. Habitants des îles, restez chez vous; rien n'est plus inconstant que la mer. Ni les honneurs, ni le rang, ni les richesses ne dispensent de la nécessité de mourir. Ni Marie, ni Louise n'était directrice de poste. Le bonheur ou la faveur avait élevé ces personnes-là au rang où elles ont brillé. O la bonne eau que celle de la fontaine de Vaucluse! Vas-y, mon cher, et puises-en deux bouteilles pour moi. Voilà des jeunes gens brillants de santé. Touts les spectateurs, tremblants aux pieds du monarque, demandaient grâce pour cet infortuné jeune homme. La reine a parlé pour lui; le prince l'a écoutée favorablement. Touts se sont persuadé * que cela suffit pour que ce malheureux obtienne sa grâce.

21e COMPOSITION.

Les montagnes ne se rencontrent pas, mais les hommes se rencontrent.

Jean du Pont-Alais, auteur et acteur du seizième siècle, était fort bien reçu à la cour où il avait ses coudées franches. Louis XII surtout, et François Ier l'accueillaient gracieusement, parce qu'il les réjouissait par ses plaisanteries. Il se plaça un jour près d'un Cardinal qui était bossu comme lui, et il eut la malice de se placer près de cette Éminence, de manière que leurs deux bosses se touchaient. Le Cardinal, piqué de ce singulier rapprochement, en témoigna toute sa colère à Pont-Alais qui lui dit en riant : Monseigneur, nous sommes à deux de jeu, et en position de prouver que deux montagnes, aussi bien que deux hommes, peuvent se rencontrer, en dépit du proverbe qui soutient le contraire.

* On peut mettre aussi *persuadés* (ont persuadé eux que, etc.).

22e COMPOSITION.

Nous vivions contents au milieu de nos chères délices. Touts nos plaisirs sont passés comme une ombre : des vaisseaux qui traversent avec vitesse les flots agités, un oiseau qui vole au travers de l'air, une flèche lancée au lieu marqué, échappent moins vite à la vue. Les richesses que vous posséderez long-temps, sont celles que vous aurez données aux pauvres. Les Scipion se sont montrés charitables, mais, hélas! touts les états ne voient pas naître des Scipions. Socrate et Platon ont aussi passé pour des hommes bienfaisants. Et n'avez-vous pas entendu parler des vertus des Xavier, des Fléchier, des Saint-Louis? Quant aux conquérants qui ont ravagé la terre, qu'ont-ils légué aux mortels qui devaient naître après eux? un souvenir mêlé de larmes et de sang. L'homme est la plus parfaite des créatures, et le chien, une des plus viles : cependant le chien reconnaissant l'emporte sur l'homme ingrat. L'histoire ne cite qu'un chien qui ait été ingrat; il se nommait *Malte*, si j'ai bonne mémoire. Avis aux hommes.

23e COMPOSITION.

Un savant, désirant un jour visiter les fous, renfermés aux petites-maisons, se présente à la porte de cet hospice. Un homme de bonne mine vient à sa rencontre, et lui demande ce qu'il désire. Le savant lui répond qu'il aurait envie de visiter les personnes détenues dans l'hospice. Je vais vous y conduire moi-même, lui répondit cet homme. Il lui fait voir toutes les loges, en lui faisant connaître le genre de folie de touts les habitants de chacune, et lui rend très-exactement compte de tout ce qui regarde le régime et le gouvernement de cette maison. Ils arrivent enfin dans un lieu retiré où était un homme sérieux et plongé dans un profond silence. Oh! pour celui-là, lui dit son conducteur, il est, par sa folie, au-dessus de tous les autres; il s'est mis dans la tête qu'il est le Saint-Esprit, et sa folie est d'autant plus grande qu'il ne peut pas ignorer que c'est moi qui le suis.

24ᵉ COMPOSITION.

Les démons occupaient, au commencement, des places éminentes dans le ciel; ils en furent chassés, à cause de leur révolte contre Dieu. L'enfer est la prison où ils seront enfermés pendant toute l'éternité. Plusieurs hommes nous ont précédés dans ce monde; ces hommes ont été sujets à la mort; nous mourrons comme eux. Il y a des gens qui parlent franchement, et ne disent que la vérité; mais il y en a d'autres qui s'humilient malicieusement, et dont le fond du cœur est plein de tromperies. Deux aunes et demie de toile fine, et une demi-aune de soie, ont été achetées pour habiller cette enfant gentille, qui s'appelle Louise. Trois cents soldats bien déterminés auraient suffi pour prendre alors cette ville dont les habitants étaient plongés dans le vin. Quatre-vingt mille cavaliers et deux cent mille fantassins ravagèrent la Grèce, sous le règne de Xerxès, roi de Perse. Cette contrée, toute belle, toute riche et tout illustre autrefois, est aujourd'hui tout autre.

25ᵉ COMPOSITION.

Un procureur, nommé Topédot, défendait un maquignon que l'on voulait obliger à reprendre un cheval qu'il avait vendu : Messieurs, dit l'orateur, quand nous avons vendu notre cheval, il était gros et gras comme une loche; aujourd'hui il est maigre comme une allumette, parce qu'on l'a fait courir comme une chèvre. Après tout, nous n'osons point en imposer à la Cour. Il est là-bas dans le préau; il n'y a qu'à le faire monter et comparaître en personne. — Mais, maître Topédot, lui dit-on, gardez votre cheval à l'écurie une quinzaine de jours; il sera bientôt refait. — Ah! Messieurs, reprit le procureur, ce qu'on demande n'est pas raisonnable, et ma partie n'est pas en état de garder à l'écurie, un cheval qui resterait les bras croisés à ne rien faire.

26ᵉ COMPOSITION.

On ne peut rester long-temps dans la boutique d'un parfumeur, sans en emporter l'odeur. En fréquentant des hommes vicieux, on court risque de le devenir. — On prétend que les anciens Gaulois étaient si simples qu'ils prêtaient de l'argent, à condition qu'on le leur rendrait dans l'autre monde; quelque vraie que soit cette assertion, il faut avouer que leurs petits-neveux ont bien dégénéré de leurs ancêtres. L'étude de l'histoire est la plus nécessaire aux hommes, quels que soient leur âge et la carrière à laquelle ils se destinent. Quelles que soient votre naissance et votre position, vous aurez toujours besoin de l'estime du public. Tout autre que la reine se serait cru offensé de vos paroles, tout indiscrètes. En touts pays touts les bons cœurs sont frères. (Florian).

27ᵉ COMPOSITION.

Une fumée épaisse et une flamme pétillante montaient. Les valeureux guerriers couraient. Cet homme et cette femme curieux, paraissaient avides de nouvelles, bonnes ou mauvaises. Vous et les princes avez des droits acquis à l'estime générale. La reine et sa belle-sœur sont généreuses, charitables et modestes. Votre père et moi voyagerons ensemble l'année prochaine. Je ne veux pas que vous employiez tout votre temps à jouer. Voilà deux chevaux maigres qui chancellent. Il faut que tu achettes cette belle métairie et ces beaux châteaux. On voit dans cette petite chapelle deux chandelles bénites, allumées. Les enfants vertueux, francs, obéissants, sont bénis du ciel. Bénies soient les âmes généreuses qui ont fait cette bonne œuvre. Les moments perdus ne peuvent être réparés. Cachetez la lettre que vous allez mettre à la poste. Cette enfant, tant regrettée, s'appelait Marie. La femme de Socrate était vieille, grogneuse, maligne et querelleuse.

28ᵉ COMPOSITION.

Octave, vainqueur de ses ennemis, usa de la victoire avec clémence ; il se montra doux et affable envers tout le monde. Un grammairien grec prenait souvent la liberté de lui présenter une épigramme à sa louange, lorsqu'il descendait de son palais ; et quoiqu'il n'en eût aucune récompense, il ne manquait pas de lui en présenter, toutes les fois qu'il en trouvait l'occasion. Un jour Auguste prit la peine de faire réponse au grammairien en lui écrivant une épigramme. Celui-ci, après avoir témoigné son admiration, tant par ses gestes que par sa voix, prit la liberté d'offrir quelques pièces de monnaie à l'Empereur, en lui disant que s'il était plus riche, il lui en donnerait davantage. Auguste comprenant ce que cela signifiait, appelle le gram-

mairien et lui fit compter une somme d'argent assez
considérable.

29e COMPOSITION.

Quelques avis que Sénèque donnât à Néron, ce
prince n'en profita point. Quels que soient vos avis,
mon père, tous vos enfants les suivent ; mais quelque bons que soient les avis de notre mère, aucun
d'eux n'en fait assez de cas. Deux cent deux Grecs
et quatre cents Romains se sont battus. Les grands
hommes font les lois, et la multitude les suit. L'officier et le soldat seront toujours bien disciplinés,
lorsque le général connaîtra ses devoirs. Aie soin,
ma petite nièce, d'essuyer cette longue table : il
faut aussi que tu balaies la maison neuve et que tu
nettoies touts les bancs et toutes les chaises. L'Italie
et l'Espagne renferment de beaux monuments. Une
nuée de corbeaux voltigeaient au-dessus de cette
terre ensemencée. Une foule de monde encombrait
la cathédrale de Reims, le jour où le roi fut sacré.
Les champs que vous avez cultivés, ont appartenu
à mes ancêtres. Mon neveu et ma sœur qui sont
arrivés, ont fait le voyage de Rome. Nous sommes
enchantés de les revoir. Ces jeunes gens me sem-
blent bien pesants. Les provinces furent convo-
quées par des vassaux, peu dépendants de la couronne.

50e COMPOSITION.

L'Echo. — Hop! hop! là! là!

Le petit Georges n'avait jamais entendu parler
de l'écho ; sa mère l'envoya un jour à la campagne
chercher son père qui travaillait dans les vignes
d'un côteau voisin. Georges, qui aimait le raisin,
courut à la vigne, mais il n'y trouva pas son père ;

il était retourné à la maison par un autre chemin. Le petit bon-homme se mit donc à manger du raisin, et après s'être rassasié, il se mit à crier : *hop! hop!* et une voix joyeuse lui répond de la forêt voisine : *hop! hop!* Georges, ignorant qui lui répondait ainsi, cria de nouveau : *qui es-tu?* et la voix de répondre : *qui es-tu?* Alors l'enfant impatienté, dit : *tu es un sot!* et la voix répéta : *tu es un sot! Tu es un polisson!* et la voix répondit : *tu es un polisson!* Furieux de ces répétitions continuelles, Georges s'arma d'un bâton, et se dirigea vers la forêt, bien décidé à corriger l'insolent qui se moquait de lui. Arrivé sur la lisière de la forêt, il s'arrêta, espérant, par sa présence, intimider le drôle. Il se mit donc à crier : *es-tu là!* et la voix de répondre : *là! là! là!* Ne se possédant plus, il parcourt la forêt, le bâton levé. Ne trouvant personne, il retourna à la maison où il raconta tout, et tout le monde d'éclater de rire aux dépens du petit Georges.

31ᵉ COMPOSITION.

Le rossignol, oiseau petit, chante à ravir. Les rossignols, oiseaux petits, chantent à ravir. Un geai et une linotte avaient fait leurs nids non loin l'un de l'autre. La voix douce et mélodieuse de ces jolis serins m'avait enchanté. Les voix douces et mélodieuses de ces jolis serins m'avaient enchanté. La vertu et la science nous rendent estimables. Forme élégante, taille légère et souple, gentil plumage, chant mélodieux, cadences perlées, tout enchante dans le serin, ce joli petit musicien de nos appartements. Les jeux et la chasse plaisaient à mes grands-pères. Les montagnes les plus hautes sont frappées par la foudre. Les mortels sages et bienfaisants seront récompensés de Dieu. Vous et vos condisciples devriez avoir honte de votre paresse. Les leçons qui ont été données, seront récitées. Des palmes glorieuses ont été méritées par nos braves soldats. Les hiboux ne se logent pas dans les choux. Le chien et le chat sont deux animaux qui se détestent. Le chat n'aime pas ceux mêmes qui le nourrissent et le flattent.

32e COMPOSITION.

Charbonnier est maître dans sa maison.

François Ier s'étant égaré à la chasse, entra dans la maison d'un charbonnier qui le prit pour un chasseur de la suite du Roi. Il le régala à souper de son mieux, mais il s'empara de la première place à table, en lui disant qu'il ne la cédait à personne, parce que charbonnier est maître chez lui. Il lui fit manger du sanglier, mais en lui recommandant surtout de n'en rien dire au *grand nez*; c'est ainsi que le peuple appelait ce prince, à cause de la dimension de son nez. La suite du Roi étant survenue dans le moment, et ayant nommé François Ier, le charbonnier se crut perdu, et tomba aux genoux du prince; mais le Roi le rassura, lui pardonna, et par la suite il lui fit même du bien.

33e COMPOSITION.

Les conquérants brutaux ne veulent point d'égaux. Prudente, honnête, ingénieuse, cette petite fille fait l'ornement de ses parents vertueux. En parcourant ce cimetière, arrêtez-vous un moment devant ce tombeau poudreux sur lequel est couchée la figure gothique de quelque évêque, revêtu de ses habits pontificaux, les mains jointes, les yeux fermés. Le souvenir de la mort que vous laisseraient ce tombeau et cet évêque, vous serait plus utile que vous ne pensez. Les vertus qu'avait pratiquées votre mère , auraient été votre plus bel héritage. J'ai acheté ce matin deux cents poires et deux boisseaux de pommes. Une demi - douzaine de prunes reines-Claudes, m'avait été donnée par ma grand'tante. Que les renards à deux pieds n'essaient pas de me les enlever. Deux cierges bénits ont été allumés devant cette image. Ami, ne sors pas nu-pieds , et garde-toi bien d'aller tête nue au jardin ; vas-y, si tu veux cependant , mais en prenant des précautions. Il y a deux milles d'ici la ville la moins éloignée. Nous sommes en mil huit cent trente-neuf.

34e COMPOSITION.

Un habile général a tout disposé pour se procurer une victoire certaine, Tous les obstacles sont prévus, et doivent être surmontés. Ce général a fait une belle harangue à ses soldats. Les dieux et les auspices sont pour lui ; les poulets sacrés ont bien mangé ; les corbeaux passent de la gauche à la droite : tout est à son souhait. Un palefrenier imprudent donne au cheval du Consul deux mesures d'avoine. Le coursier belliqueux et plein d'ardeur, entend le son de la trompette, s'émeut et s'emporte : le Consul tombe, se casse la tête, expire. Les ennemis profitent du désordre que cause cet accident, tombent sur les troupes, et remportent la victoire. Une mesure d'avoine , donnée inconsidérément, met Rome à deux doigts de sa perte.

ARTICLE 2.

Matières d'analyses simples suivant l'ordre des règles.

1re Composition. L'étude et la prière ont t
jours fait mes plus chères délices.

2e Composition. Les petits frissons sont les av
coureurs de la fièvre.

3e Composition. Les trois Horace combatta
pour Rome, qui était leur patrie.

4e Composition. Monsieur, vendez-moi, s'il
plaît, un couple de très-jolis serins.

5e Composition. Vous pensez, peut-être,
amis, que toutes les vieilles gens sont pruden

6e Composition. Pierre et moi avons entendu
les plus belles orgues.

7e Composition. On dit que les oiseaux, app
corbeaux, vivent cent ans.

8e Composition. Dis à ces enfants studieux
leur maître leur permet de s'amuser deux he
et demie.

9e Composition. Mes travaux et les vôtres s'a
veront incessamment.

10e Composition. Une infinité de becfi
avaient bâti leurs nids sur les branches de
vieux chênes.

11e Composition. Enfants dociles, bénis de v
feue mère, croissez en sagesse.

12e Composition. Vous et vos belles-sœurs p
rez volontiers huit sous cette demi-livre de beu

13e Composition. Les Scipion et quelques g
raux carthaginois se sont vus et se sont parlé.

14e Composition. Diogène, qui couchait dan
tonneau, allait nu-tête et pieds nus.

15e Composition. Les murailles de Babylone avaient huit toises et demie de hauteur, et les tours, deux cents pieds.

16e Composition. La flotte grecque était composée de trois cent quatre-vingts voiles.

17e Composition. J'écris ces matières de compositions en mil huit cent trente-neuf.

18e Composition. Les dix mille Grecs ont opéré la retraite la plus mémorable.

19e Composition. Ne savez-vous pas que cette vieille pendule m'a coûté quatre-vingt-deux francs?

20e Composition. Ces chiens-loups qui passent, ont les oreilles tout écorchées et toutes déchirées. Tout savants qu'ils paraissent, ces petits-maîtres, ils sont trop pesants pour juger de cette affaire.

21e Composition. Des avant-coureurs et des porte-étendards arrivent ici à toute heure.

22e Composition. Quels qu'aient été mes efforts, quelques peines que je me sois données, quelque prudents que fussent mes avis, je n'ai pas pu réussir.

23e Composition. C'était vous et moi qu'avaient demandés les vice-amiraux.

24e Composition. C'étaient les oies qui avaient sauvé la ville de Rome, attaquée par les Gaulois.

25e Composition. Etes-vous Anglaise d'origine, Madame? Oui, Monsieur, je le suis.

26e Composition. Madame, dites-le-moi, n'êtes-vous pas l'Anglaise que j'avais rencontrée hier? Non, je ne la suis pas.

27e Composition. La plupart du peuple assistait dimanche à la grand'messe et à vêpres.

28e Composition. La plupart des ouvrages que les Racine ont composés, sont des chefs-d'œuvre admirables.

29e Composition. Voyageur, voilà devant toi la chaumière où demeuraient deux arrière-neveux ; vas-y, et visites-en les appartements.

50e Composition. Ce prince, comme son épouse, croyait que le bonheur ou la témérité pouvait former des conquérants.

51e Composition. C'était l'orgueil et l'emportement de ces demi-savants qui les avaient perdus.

52e Composition. La duchesse ne s'est pas souciée de l'affaire dont il s'est agi dernièrement.

53e Composition. J'entends des cris aigus retentissant autour de ces hautes-futaies.

34e Composition. Ni le sexe ni le rang n'avaient obtenu des priviléges de feu la reine des Pays-Bas.

FIN.

OUVRAGES DE L'ABBÉ BROUSTER.

Grande Grammaire française, septième édition, cartonnée, 1 fr. 50 c.

Petite Grammaire française, huitième édition, cartonnée, 65 c.

Devoirs français, septième édition, brochée, 75 c.

Géographie moderne étendue, deuxième édition, cartonnée, 90 c.

Petite Géographie moderne, revue et augmentée, troisième édition, cartonnée, 60 c.

Cacologie ou *Locutions vicieuses,* deuxième édition, brochée, 75 c.

Corrigé du même ouvrage, broché, 1 fr. 30 c.

Corrigé des Devoirs français, broché, 2 fr.

Cacographie avec plus de fautes à corriger que dans les Devoirs français, à l'usage des élèves avancés, troisième édition, brochée, 75 c.

Modèles d'Analyses logiques, broché, 60 c.

Le même ouvrage avec des notes à l'usage des Maîtres, broché, 65 c.

Guide d'Analyses simples, deuxième édition, br., 35c.

Guide d'Analyses raisonnées, deuxième édition, brochée, 60 c.

Questionnaire servant à préparer les enfants à bien répondre lors des examens, broché, 25 c.

Géographie ancienne, cartonnée, 65 c.

Traité des figures de Grammaire, broché, 25 c.

Tableau synoptique de la France, broché, 25 c.

Histoire de Bretagne adoptée comme Ouvrage classique dans plusieurs départements, cartonnée, 2 fr.

SOUS PRESSE :

Soirées d'hiver du Petit Pensionnat ou Entretiens curieux, instructifs et tout-à-fait divertissants, d'un Maître avec ses Élèves.

—

Tous ces ouvrages se trouvent chez les Libraires du département des Côtes-du-Nord.

Grands dépôts chez M. Huguet, Relieur à Saint Brieuc, chez M. De Lamarzelle, imprimeur-libraire, à Vannes, et chez l'auteur, à Tréguier.

Ces dépositaires se chargent d'expédier, franc de port et avec 15°, les ouvrages ci-dessus, quand on prendra au moins 24 exemplaires à la fois.

Vannes. — Imprimerie de N. De Lamarzelle. — 1859.